KB059292

팬데믹 제2국면

우석훈

팬데믹 제2국면

코로나 롱테일, 충격은 오래간다

문예출판사

들어가는 말:
경제적 충격은 오래간다

1.

'코로나바이러스 감염증-19 Corona Virus Disease-19', 줄여서 '코비드-19(COVID-19)'. 이건 바이러스 이름이 아니라 바이러스 감염 시 발생하는 증상을 일컫는 이름이다. 우리말로는 정부 지침에 따라 '코로나19'라고 부른다. 지금 전 세계인을 힘들게 하고 있는 이 코로나19의 정식 명칭은 사스-코로나바이러스-2(SARS-CoV-2)다. 쉽게 표현하면 사스2 정도 된다. 사스는 뭐고, 사스2는 또 뭐냐?

사스는 2002년 전 세계를 휩쓸었던 바이러스다. 이와 아주 유사한 바이러스가 17년 만에 다시 나와서 SARS-CoV-2, 즉 사스2라는 이름이 붙었다. 2020년 1월에 바이러스 분류위원회가 붙인 이름인데, 두 번째 출현한 사스 계열의 코로나바이러스라는 의미다.

같은 코로나 계열의 바이러스로 2015년에 한국을 덮쳤던 메르스(MERS), 중동호흡기증후군 Middle East Respiratory Syndrome 이 있다. 2009년에 유행한 신종 인플루엔자 A novel swine-origin influenza A (H2N1), 일명 신종플루는 돼지에서 출발했고, 코로나와는 계열이 다르다. 2016년 브라질 리우데자네이루 올림픽 전후 중남미에 널리 퍼졌던 지카바이러스 zika virus 는 원숭이에서 출발했고, 모기가 매개체였다.

사스 2002년, 신종플루 2009년, 메르스 2015년, 코로나19 2020년. 세계를 공포에 떨게 한 전염병들이 특별한 내재적 주기가 있는 것은 아니지만, 대략 5년에 한 번꼴로 등장했다. 세계적으로 전염병이 대유행하는 상태를 팬데믹 pandemic 이라는 신조어로 부른다. 지금까지의 추이를 보면 이런 일이 이번으로 끝나지 않을 것이다. 더 새롭고 더 강력한 바이러스나 세균의 등장을 어렵지 않게 예상할 수 있다. 법칙은 없지만, 각각의 바이러스가 주기성을 갖고 있다는 것은 "다음번은?"이라는 질문을 하게 만든다.

미래의 일을 미리 걱정해야 한다는 이야기를 하려는 것은 아니다. 그렇지만 사람들이 살아가는 방식에 매우 특별한 변화가 발생하지 않는다면, 21세기 초반부를 살아가는 사람들은 20세기의 사람들보다는 팬데믹에 더 자주 노출되고, 더 피곤하게 살아야 할 것 같다. 세계 여기저기를 들쑤시고 다니며 밀림을 파헤치고 지구를 덥게 만든 것은 20세기 인간들이다. 그런데 그때는 태어나지도 않았던 21세기 인간들의 삶이 왜 이렇게 피곤해야 하는 것일까? 코로나 초기에 미국에서 '베이비부머 제거자 boomer remover'라는 말이 유

행했다. 코로나가 지금 밀레니얼 세대의 앞길을 막고 있는 60대 이
상의 베이비부머들을 치워주기 위해서 하늘이 준 바이러스라는 의
미다. 일종의 사회적 무의식 혹은 집단적 무의식에서 나온 말이 아
닐까 싶다. 스웨덴의 경우 복지국가를 운영하는 데 부담이 되는 노
인층으로 인한 경제적 부담을 줄이려고 국가가 일부러 방역을 강화
하지 않는다는 의심이 돌았었다. 지구는 여전히 평평하다는, '지구
평평설' 같은 이야기지만.

2.

　호주 출신의 전설적인 생물학자인 로버트 메이$^{Robert May}$가 공
교롭게도 코로나 한가운데 2020년 4월 타계했다. 초기 수리생태학
발전 과정에서 카오스 같은 복잡계 현상을 도입해서 전 세계적으
로 유명해진 인물이다. 20대의 나에게는 그야말로 '스타' 같은 사람
이었다. '회복탄력성'이라고 번역되기도 하는 '리질리언스$^{resilience'}$'
를 이야기한 생물학자 버즈 홀링스$^{Buzz Hollings}$, 시스템 다이내믹스
로 인류의 미래를 예측한 '로마클럽 보고서'의 저자 도넬라 메도
스$^{Donella Meadows}$, 그리고 미토콘드리아에 대해 연구했지만《코스모
스^{Cosmos}》를 쓴 칼 세이건$^{Carl Sagan}$의 부인으로 더 많이 알려진 생물
학자 린 마굴리스$^{Lynn Margulis}$ … 그런 사람들이 로망이었던 시절이
나에게도 있었다. 그들 중 한 명이 로버트 메이였다. 기후변화 등 생
태학의 다양한 분야에서 연구하던 그가 2000년대 초반에 팬데믹

연구로 넘어갔다는 이야기를 학회에서 들었다. '팬데믹? 왜? 아니, 메이가 맞다고 하면 맞는 거야.' 내가 팬데믹을 들여다보게 된 것은 그런 비주체적인 팬심에서 비롯되었다. 2000년대 초반은 한국에 팬데믹이라는 단어가 소개되기도 이전이었다. 생태경제학으로 박사논문을 준비하면서 감염병 모델 같은 것을 간단하게 다루기는 했지만 진지하게 고민한 적은 없었다. 내가 팬데믹에 대해서 좀 더 진지하게 생각하기 시작한 것은 바로 그 시점부터였다.

《88만원 세대》를 쓰던 2007년 무렵, 간단하게 정리한 미래의 출간 리스트에 '팬데믹 경제학'이 들어 있었다. 하지만 이후 나도 격동의 시간을 보내면서 팬데믹 이야기를 따로 정리할 만한 기회가 없었다. 시간이 흘러 메르스 사태 때 병원에 격리되면서 암이 재발한 어느 환자의 이야기를 다룬 김탁환의 소설《살아야겠다》(2018년)를 읽으면서, 늦게라도 팬데믹 이야기를 써야겠다는 생각이 들었다. 그렇게 해서 팬데믹 경제학을 준비하기 시작했다.

자료를 모으고 분석을 시작하던 즈음 중국 우한에서 호흡기 바이러스 증상이 퍼지기 시작했다. 사망률과 잠복기를 살펴보고, 나는 역대 최강의 바이러스가 등장했다고 생각했다. 더스틴 호프만이 출연한 영화 〈아웃브레이크〉(1995년)의 소재였던 에볼라바이러스 ebola virus가 사망률은 엄청나게 높다. 청년도 50퍼센트 이상이 사망하고, 중장년은 90퍼센트 이상이다. 그런데 2014년 시에라리온에서 에볼라가 퍼져나갈 때도 결국 영국까지 바이러스가 넘어가지는 않았다. 숙주가 움직이지 못할 정도로 너무 아파서 활동성이 떨어지면 바이러스의 확산 전략은 실패다. 그런데 코로나19 바이러스의 경우, 활동성 좋은 청년들은 무증상인 경우가 많고, 바이러스가 몸에서 자리를 잡는 잠복기 incubating period 도 적당히 길다. 사망률도 사람들이 심각하게 공포감을 느끼고 숨어버릴 정도로 높지는 않다. 공기를 통해 감염되는 탄저병, 수두, 결핵 등에 비하면 전파력은 상대적으로 덜 강력하지만, 사회문화적 전파 전략에서는 역대 최강이라고 볼 수 있다. 콜레라와 비교해봐도, 콜레라의 경우는 독성이 점점 강해지고는 있지만 수인성이라서 물만 조심하면 팬데믹까지 가지는 않는다.

우한에서 바이러스 증상이 보고되던 초기에 세계보건기구(WHO)는 팬데믹 선언을 주저했고, 뉴질랜드처럼 비교적 초기에 방역을 강화한 나라들을 제외하면 우왕좌왕하는 사이 몇 달이 흘렀다. 코로나는 모두가 협력해서 2주만 격리하면 어느 정도는 잡을 수 있는 바이러스다. 그러나 지구 북반구에서 시작된 바이러스가 호주나 뉴질랜드같이 섬으로 격리된 남반구까지 순식간에 퍼졌다. 인류는 코로나19 증상을 일으키는 사스2로부터 조기에 벗어날 타이밍을 놓쳤다.

3.

팬데믹이 선언된 초기에 책을 써달라는 요청이 많았는데, 나는 이 경우에는 출간을 좀 늦추는 편이 낫겠다고 생각했다. 문제가 어느 정도 해소되기까지는 2년 이상 걸린다고 보았고, 속공과 지공 중 나는 지공을 선택했다. 백신이 개발된 후, 아니 정확히는 백신 접종이 시작된 후에 출간해도 늦지 않다고 생각했다. 한쪽에서는 사람들이 죽어가는데, 다른 한쪽에서는 '그 이후'를 생각한다는 것이 내 양심에 맞지 않았다. 팬데믹 종료 시점이 희미하게라도 보일 때 출간을 고민해도 충분하다고 생각했다. 게다가 백신 접종 이전에는 많은 것이 너무 불확실해서 논의가 피상적으로 흘러갈 위험도 높았다. 트럼프Donald Trump의 재선 결과를 보고 나서 책을 쓰고 싶기도 했다. 좋든 싫든, 누가 미국 대통령이 되느냐에 따라서 세계 경제의 패러다임이 변한다.

팬데믹에서 내가 주목한 것은 꼬리가 아주 길게 나타나는 롱테일long-tail 현상이다. 팬데믹은 태풍이나 홍수, 지진 같은 재난과는 패턴이 좀 다른 재난이다. 우리에게 익숙한 저런 재난들은 사건이 발생하고 그에 잇따른 충격이 짧고 굵다. 단, 상황이 제대로 처리되지 않아 결국 미국 사회의 패러다임을 바꾼 허리케인 카트리나의 경우는 예외다. 반면 팬데믹은 발생하고 나서 4~5년 후에야 어느 정도 충격이 가라앉는다. 사스 때도 그랬고, 신종플루 때도 그랬다. 특히 사스2에 해당하는 코로나19의 경우는 질병 자체도 폐질환 등을 일으키며 후유증이 오래갈뿐더러 사회경제적인 충격도 못지않게 오래갈 것이다. 일부 국가는 궤도를 심하게 이탈해서 원래 자리로 아예 돌아가지 못할 정도로 충격이 깊을 수 있다.

이 책의 결론에 대해 미리 이야기하자. 한국에서 코로나19로 인한 경제적 충격이 새로운 균형, 즉 '코로나 균형'을 만나게 되는데 대략 4년이 소요될 것이다. 2020년 팬데믹이 선언된 후 1년은 백신이 없는 상태로 이미 지나갔다. 3년 차가 되면 선진국들 사이에서는 관광도 가능하겠지만, 개도국 특히 저개발국가 관광은 어렵다. 국경을 사실상 걸어 잠갔던 베트남 같은 나라들은 예외다. 베트남은 2020년 1월 말 기준 확진자가 2,000명이 안 되고, 발병률은 인구 10만 명당 3명이다. 베트남이 국경을 열고, 우리나라에서 백신 접종이 완료되면 국가 간 협정에 의해서 관광길이 열릴 수 있지만, 나머지 동남아 국가들은 좀 어렵다. 인도네시아는 확진자가 100만 명이 넘었고, 인도는 1,000만 명이 넘었다(2020년 1월 말 기준).

발병 기준으로 4년 정도 지나야 관광 등 많은 분야가 어느 정도 안정되는 '코로나 균형'을 맞이하게 된다. 코로나 균형은 한국을 선진국들 중에서도 제1그룹에 속하게 할 것이다. 현재 1인당 국민소득이 우리와 비슷해 여론조사 용어로 우리와 '딱 붙어 있는' 일본을 추월하게 될 것이다. 지금의 추세라면 프랑스의 국민소득도 추월하게 될 것이다. 코로나 충격을 나름대로 관리하는 독일을 따라잡기는 아직 힘들 것이다. 국민경제만 보면 미국을 비롯해 독일과 스웨덴, 스위스, 노르웨이 등 북유럽 몇 개국만이 한국보다 앞서 있는 상황이 될 가능성이 높다. 우리나라가 대응을 잘해서가 아니라 다른 선진국들이 받게 되는 충격이 상대적으로 커서 그렇다.

그러면 우리 국민은 행복해질까? 코로나로 인한 충격과 함께 선진국이 되면서 생겨나는 일종의 '선진국 현상'이 동시에 발생하게 될 것이다. 사회와 문화 그리고 개인의 삶이 조금씩 선진국 국민과 가까워진다. 외식이 줄어들고, 노동시간이 줄어들 것이다. 비정상적으로 높은 자영업자 비중 역시 선진국 비율에 가까워질 것이다.

이 흐름 속에서 매우 추운 사람이 있을 것이고, 오히려 따뜻해진 사람도 있을 것이다. 내가 아는 어떤 사람은 5G 인프라와 관련된 일을 하는데, 코로나 이후로 일이 너무 많아져서 건물을 샀다. 자영업자가 다들 어렵다고 하지만, 일부 치킨집은 장사가 너무 잘돼서 코스닥 상장을 추진 중이다. 모두가 추운 것은 아니다. 추운 사람과 따뜻한 사람들의 평균을 내면, 한국은 결국 엄청난 부자 나라라는 결과값이 나올 것이다. 물론 이 변화를 체감하기는 쉽지 않다. 잘된 사람들은 시기와 질투를 피해 입을 꼭 다물 것이고, 언론에는 어려운 사람들의 이야기가 가득할 테니까. '코로나 위기'와 경제위기는 양상이 좀 다르지만, 언론의 양상은 마찬가지다. 1980년 경제공황, 1997년 국제통화기금(IMF) 경제위기 직후 국민소득 그래프를 보면 V자 커브 모양이다. 위기 이후에 떼돈을 벌고 갑부가 된 사람이 많았다는 이야기다. 그러나 언론에서 다루지는 않았다.

혹시라도 영화 〈고지전〉을 봤다면, 6·25 때 휴전협정이 지지부진하게 진행되는 동안 얼마나 많은 사람이 죽었는지 잠시 환기해보기 바란다. 전쟁이 치열하던 초반부보다 소강상태에 접어든 이 기간에 발생한 국지전에서 더 많은 사람이 죽었다. 6·25전쟁은 매우 강렬한 초반 사건들 그리고 그후 꼬리가 길게 이어지는 롱테일 구조를 보인다. 마찬가지로 코로나 백신의 등장은 적어도 경제적인 면에서 해결의 끝이 보인다는 이야기지, 코로나가 끝이 났다는 이야기는 아니다. 지금부터 최소 3년은 이어질 아주 긴 야구경기의 3회가 이제 막 끝난 것과 같다. 9회면 경기가 끝날까? 어쩌면 연장전이 기다리고 있을지도 모른다.

2020년 겨울, 코로나 백신 접종이 시작되었지만 변이 바이러스도 같이 확산되고 있다. 몇 년 전부터 중국과 북한을 거쳐 남하 중인 아프리카돼지열병이 춘천에서 다수 발생하면서 강원도와 충북이 방어선을 치고 필사적으로 버티는 중이다. 겨울이 시작될 무렵 전남에서 발생한 조류 인플루엔자(AI)의 경우는 전북, 충남에 이어 강원의 방어벽도 뚫렸다. 사람, 돼지, 닭을 숙주로 하는 세 종류의 바이러스와의 전쟁이 동시에 벌어졌다. 어느 순간 새로운 바이러스가 등장한다고 해도 하나도 이상하지 않다.

2차세계대전 이후 인류는 국지전은 일어나더라도 세계대전과 같은 전면전이 벌어지지는 않도록 나름의 방어장치들을 마련했다. 진화라고 하면 진화다. 바이러스로부터 버티기 위한 경제의 진화는 이제 막 시작된 것인지도 모른다. 아직은 바이러스의 변이와 진화의 속도가 인간의 시스템, 특히 경제시스템의 진화 속도보다는 더 빠르지만 말이다.

차례

3장 팬데믹 그리고 학교와 교육의 변화

4장 부자 나라의 가난한 국민: 팬데믹이 남길 흔적들

맺는말 : 다음번 팬데믹까지 모두 안녕!   228

1

우리는
선진국으로
간다

1. 자가격리가
건국신화인 나라

코로나바이러스는 기원전 8,000년경에 등장한 것으로 추정된다. 같은 계열 바이러스들의 공통 조상은 5,500만 년 전에 등장했다고 추정하기도 한다. 주로 박쥐와 조류들 사이에서 살던 코로나바이러스가 본격적으로 박쥐와 조류 외의 숙주로 넘어간 것은 몇백 년 정도 지난 일이라고 과학자들은 추정한다. 메르스는 낙타를 중간 숙주로 한다. 역시 같은 코로나 계열 바이러스인 사스의 중간 숙주는 사향고양이의 한 종인데, 숙주가 그로부터 다른 종으로 분화된 것은 훨씬 최근의 일이다. 첫번째 코로나바이러스는 1920년대 후반 닭에서 발견되었고, 인간에게서 발견된 것은 1960년대의 일이다.

21세기 이후 코로나바이러스는 인간에게 좀 더 적극적으로 영향을 끼치기 시작한다. 2002년에 발생한 사스는 3년간 전 세계에서 8,096명의 환자를 발생시켰다. 사망률은 9.2퍼센트였다. 메르스는 2012년과 2015년에 유행했는데, 한국에서도 상당히 심각한 사태로 치달았다. 환자는 전 세계에서 2,494명이었지만, 사망자가 858명, 사망률이 37퍼센트에 달했다. 사망률이 높아 공포스러웠지만, 환자수가 급격히 늘지는 않는 경향이 있었다. 사스2, 즉 코로나의 경우는 현재 확진자가 1억 명을 넘었고, 사망률은 2.1~2.2퍼센트 정도 된다. 한국은 코로나 사망률이 세계 평균보다는 살짝 낮은 1.82퍼센트인데, 한국이 코로나 방역에 선방한 것에 비하면 엄청나게 낮은 수치는 아니다.

바이러스는 모든 사람에게 공평하다고 하지만, 방역 상황은 국가마다 많이 다르다. 국가별로 규모 차이를 없애고 상황을 보고 싶을 때 많이 쓰는 통계 방식이 인구 비율을 대입하는 방식이다. 바이러스의 경우는 자살 통계와 유사하게 인구 10만 명당 발병률incidence rate을 사용한다. 코로나 통계의 정확도에 대한 지적이 종종 있는데, 이 통계는 정확도보다는 전반적인 추세를 파악하는 데 참고하면 좋을 것 같다. 표1-1을 통해 주요 국가별로 인구 10만 명당 코로나 발병률을 보자.

국가별로 차이가 상당하다. 미국은 국민 10만 명당 7,706명이 확진자다. 지금 추세대로 가면 1만 명이 넘는 것도 시간문제인데, 그러면 국민 10명당 1명이 확진자라는 이야기다. 어마어마한 수치다. 영국 5,513명, 스웨덴 5,613명, 네덜란드 5,676명으로 모두 5,000명을 넘어섰다. 독일이 2,626명으로 나름대로 관리가 되는

표 1-1   인구 10만 명당 코로나 발병률 (2020년 1월 31일 기준)

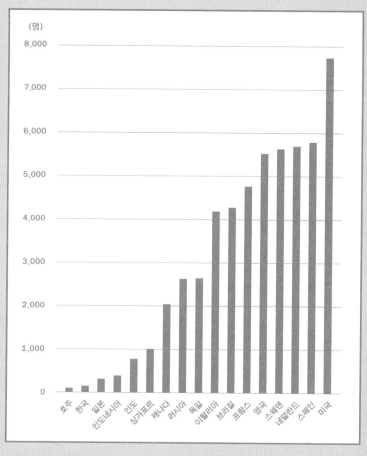

출처: 범정부대책지원본부

수준이고, 싱가포르가 1,000명 조금 넘는다. 일본이 302명, 한국이 150명으로 선방 중이다. 호주는 113명으로 매우 낮다. 표에는 없지만 방병률이 더 낮은 나라로 태국이 25.72명, 베트남이 3명이다. 중국은 6.22명으로, 인구 비율로 보면 발병률이 확 낮아진다.

2020년 3월, 봄이 시작되면서 초기 확산이 약간 진정 국면을 보이던 어느 날이라고 기억한다. 영국 BBC 채널에서 잔디밭에서 햇볕을 쬐던 한 가족에게 말 탄 기마경찰들이 해산을 요구하는 모습을 보았다. 아이들과 함께 휴식을 취하던 가족들의 자리는 순식간에 아수라장이 되었다. 평소에 이국적 정취라고 생각했던 런던 기마경찰의 모습이 처음으로 섬뜩하게 느껴졌다. 그리고 바로 채널을 돌려서 프랑스 뉴스를 보는데, 봄날 피크닉을 나온 어느 가족의 돗자리를 경찰견들이 밟고 지나가는 장면이 나왔다. 프랑스 경찰은 마약 단속을 위해 경찰견과 함께 다니는 경우가 많다.

뉴질랜드나 베트남은 코로나에 대응해 국경을 완전히 걸어 잠갔다. 사건의 출발지인 중국도 도시 전체를 봉쇄할 정도로 격리 수준이 매우 높았고, 유럽의 여러 나라나 미국도 자가격리에 준하는 높은 방역 수준을 유지했다. 그에 비하면 우리는 경제활동을 일부만 멈추는 수준의 격리를 했다. 지역 봉쇄도 없었고, 국경 봉쇄도 없었다. 이걸 어떻게 설명해야 할까.

이에 대해서 정부는 'K-방역'이라는 용어를 사용한다. 그런데 '방역防疫'이라는 단어 자체가 한국에서만 쓰는 행정 용어다. 외국에

홍보하고 싶어도 딱 맞는 번역어가 없다. 그래서 현재는 '격리'를 의미하는 단어 '쿼런틴quarantin'을 사용해 'K-쿼런틴'이라고 부른다. 코로나 초기, 일본에서 크루즈선 다이아몬드 프린세스호의 입항을 금지하고 대기하게 했다. 역병이 돌 때 배를 정박시키기 전에 격리 기간을 갖는데, 그때 쓰는 단어가 '쿼런틴'이다. 'K-쿼런틴'에 대해서 어떻게 생각하느냐고 외신기자들에게 물으면 다들 무시무시하다는 인상을 먼저 말한다. 외국인들은 'K-방역'을 '한국형 방역'이 아니라 '한국형 격리'라고 이해하고, 일단 가둬놓는다는 의미로 받아들인다.

'격리'. 우리는 계속 쓰다보니까 익숙한 단어지만, 국가주의와 행정주의가 강하게 내포된 용어다. 방역의 주체는 국가라는 뜻이다. 특히 유럽 사람들에게는 '격리'의 뉘앙스가 너무 강해서, 우리 생각보다 더욱 강력한 용어로 받아들인다. K-방역 모델을 유럽에 적용할 수 없다는 이야기는, 유럽에 그렇게 강한 국가주의 전통이 없기 때문이다. 게다가 유럽이나 미국은 대부분 연방제를 하고 있거나, 연방제에 준하는 정도로 지방정부의 권한이 강하다. 중앙정부에서 전권을 갖고 끌고 가기가 쉽지 않다.

일본도 코로나 관리에서 나름대로 선방한 국가인데, 한국의 발병률은 거기에서 다시 절반 수준이다. 인구 10만 명당 코로나 발병 150명. 질병관리 수준을 설명할 때 정보화와 국가의 권한, 방역 체계 등을 중요한 지표로 보는데, 이런 지표들이 지금 발생한 결과를 완벽하게 설명해주지는 못한다. 그러다보니까 우리나라는 "자가격리가 건국신화"라는 웃지 못할 말이 나왔다. 곰이 쑥과 마늘만 들고 동굴로 들어가 100일 동안 버텨서 결국 여자로 변해 단군 할아버지를 낳았다는 것이다. 국가주의든 시민의 참여든, 어쨌든 많은 요인이 작동해서 발생한 결과가 이 수치 하나에 농축되어 있다.

2. 코로나 경제의
네 가지 국면

경제학이 상당히 정밀한 학문 같지만, 예측은 어렵다. 숫자의 자릿
수만 맞혀도 잘 맞힌 걸로 친다. 2000년대 중반 일본 우정국이 민영
화되면 풀려나올 돈을 계산하면서 '경'이라는 단위를 처음 보았다.
1,000조 단위일지 경 단위일지, 지금은 단위만 맞혀도 잘 맞힌 거라
고 할 정도로 불확실성이 매우 높은 시기다. 이럴 때 변화의 부호가
플러스인지 마이너스인지만이라도 예상할 수 있으면 다행이다. 그
리고 그 변화의 단계와 기간을 예측할 수 있으면 최상이다. 백신을
무력화할 정도로 강력한 변이 바이러스가 등장해서 모든 것이 도돌
이표처럼 반복되지 않는다는 전제하에, 전체 팬데믹 기간을 네 가
지 국면으로 구분할 수 있다.

제1국면

제1국면은 코로나 백신이 등장하기 이전까지다. 2009년에 팬데믹으로 번진 H1N1 바이러스 변종에 의한 신종플루는 항바이러스제인 타미플루에 의해 기세가 꺾였다. 타미플루는 원래 있던 약이었는데, 신종플루에서 그야말로 '게임 체인저' 역할을 했다. 우리 집 둘째도 세 살 때 독감이 폐렴으로 번져서 입원했는데, 타미플루를 맞고 기적처럼 열이 뚝 떨어졌다. 코로나에 대해서는 타미플루급 치료제는 아직 나오지 않았다. 이 기간에는 마스크 착용과 거리두기 그리고 격리 같은 물리적인 방법으로 대처하게 된다. 제1국면은 2020년에 이미 지났다.

제2국면

제2국면은 선진국에 백신이 보급되기 시작하는 기간이다. 2021년이 이에 해당한다. 우리나라는 2021년 11월까지 접종을 끝내 집단면역을 계획하고 있지만, 백신을 확보한 나라와 확보하지 못한 나라 사이의 국제적 갈등이 매우 높아질 것이다. 백신 접종이 시작된다고 해서 방역이 정지하는 것은 아니다. 많은 독감 백신이 그렇듯이 코로나 백신도 100퍼센트 예방을 보장해주지는 않는다. 백신은 만병통치약이 아니며, 백신을 맞았다고 해서 어디든 갈 수 있는 프리 패스를 받는 것은 아니다. 몸에서 형성되는 항체가 영구적인 것도 아니다. 일단 인구의 60~70퍼센트 정도가 백신을 맞아서 일종의 집단면역을 형성해 바이러스의 재생산율을 낮추어야 한다. 백신이 유효하지 않은 변이가 생겨나는 것도 큰일이지만, 상상할 수 있는 최악은 먼저 백신을 맞은 사람들의 항체가 사라지기 전에 후순위 사람들이 백신을 맞지 못한 경우다. 그럴 경우 코로나바이러스의 도돌이표가 시작된다.

2021년에 과연 한국 국민은 해외관광을 마음 편하게 갈 수 있을까? 다른 선진국들 역시 1년 내에 코로나 종식 선언을 하기 어려운 만큼, 관광을 전면적으로 개방하기는 어렵다. 방역 수준이 괜찮은 국가들끼리 서로 격리를 면제해주는 '트래블 버블travel bubble', 일명 '백신 여권'에 대한 논의가 진행되고는 있지만, 워낙 불안한 상황이라서 매우 제한적일 수밖에 없다. 동남아 일부 국가와 백신 접종자에 한해 제한적 관광이 이루어질 가능성이 있지만, '백신 여권'이 도덕적으로 올바른 것인지에 대한 논의가 아직 격렬하다.

제3국면

제3국면은 개도국과 저개발국가에도 백신 접종이 본격적으로 진행되는 시기다. 2022년이 대체로 이에 해당할 것이다. 경제적으로 어려운 국가들을 어떻게 지원할지에 대한 논의가 중요해지고, 돈 많은 나라들만 백신을 확보해도 되는지, '백신 민족주의'에 대한 성토가 높아질 것이다. 한국인, 특히 젊은 사람들이 휴양지로 선호하는 동남아에도 백신이 보급될 테지만, 이 기간에 관광이 전면 개방되기는 쉽지 않을 것이다. 국경을 봉쇄하다시피 걸어 잠그고 있는 베트남이 언제 관광을 재개할지 정도가 변수일 것이다. 반면 선진국들 사이의 여행은 2022년이 되면 부분적으로 가능할 것이고, 미뤄두었던 방문이나 여행이 일시에 몰려 한동안 폭발적으로 증가할 것이다.

제4국면

제4국면은 아프리카를 비롯한 저개발국가에도 백신이 어느 정도 보급되는 시기다. 물론 그렇다고 해서 당장 아프리카로 관광을 갈 수 있다는 뜻은 아니다. 2023년의 가장 큰 관심은 WHO가 코로나 팬데믹 종료 선언을 할 수 있느냐일 것이다. 선진국들 일부는 자국 내에서 종료 선언을 할 수도 있지만, 세계적인 팬데믹의 종료는 조금 다른 문제다. 2023년은 넘어가게 될 것 같다. 이 시점에 팬데믹의 아주 긴 꼬리를 보게 될 것이다.

팬데믹 제4국면 그 어디에선가 한국 경제는 지금과는 전혀 다른 '코로나 균형'을 만나게 될 것이다. 이미 대부분 사람들은 일상으로 돌아갔을 테지만, 그 일상이 처음 코로나바이러스를 만난 2019년 겨울과 같은 일상이라는 보장은 없다. 많은 사람의 직장이 바뀌었을 것이고, 많은 식당이 문을 닫았을 것이다. 그리고 다시 열리지 않는 곳이 많을 것이다. 그렇게 도달한 한국 경제는 더 이상 선진국 초입 혹은 선진국 평균 정도가 아니라 선진국 중에서도 최상위 그룹에 속해 있을 것이다. 1인당 국민소득 기준으로 일본과 프랑스보다 앞설 확률이 높다. 코로나가 경제위기를 초래한 것은 맞고 고통스러운 것도 맞지만, 한국에는 매우 특별한 의미가 될 것이다. 역설적이지만 코로나 균형 속에서 한국은 국제적으로 더 잘사는 나라가 되어 있을 것이다. 물론 이것이 모두에게 행복한 미래를 보장한다는 것은 아니다.

3. 충격 이후, 산업의 세 가지 패턴: A형, B형, C형

지금 자신이 중학교 2학년이라고 생각해보자. 팬데믹이라는 이 특수한 국면에서 자신의 미래에 대해 어떤 생각을 할까? 한국에서는 고등학교만 입학해도 이미 많은 것이 결정된다. 예컨대 예술고등학교에 들어갔다면 이미 전공과 직업 등에 대한 선택지가 좁혀진 셈이다. 그러나 실제로 그들이 살아갈 세상이 어떤 모습일지, 그들의 직업 세계가 어떤 모습일지 아무도 모른다.

SARS-CoV-2로 인한 팬데믹은 2000년대 초반부터 일부 생태학자나 미래학자들이 경고하던 팬데믹을 여과 없이 보여주었다. 코로나바이러스의 경우는 2~3년 내에 어느 정도 극복되겠지만, 코로나바이러스 계열의 또 다른 변종 혹은 에볼라바이러스같이 좀 더 치명적인 사망률을 보이는 바이러스로 인한 팬데믹의 도래를 배제할 수 없다. 바이러스의 역사는 인간의 역사와 비교도 할 수 없이 길다. 지나치게 겁먹은 시나리오를 피하더라도, 주기적인 양상을 보이는 전염병 대유행은 이제 인류의 상존하는 위협으로 놓고 분석할 수밖에 없다. 이것을 전제로 생각해보자.

지금의 중학교 2학년생, 의사와 공무원을 꿈꾼다면 장래희망이 바뀔 가능성은 별로 없을 것 같다. 교사나 교수가 되겠다는 학생의 장래희망도 크게 바뀌지는 않을 것이다. 그렇지만 파일럿이나 승무원을 꿈꾸던 학생이라면 아마 희망 직업을 바꾸는 경우가 적지 않을 것이다. 갑자기 구조조정이 된 항공사의 기장이 어느 날 대리 운전 기사가 되는 모습을 중학생들도 본다. 휴직 중 자살한 승무원에 대한 뉴스를 중학생들도 본다. 그들도 어렴풋이 자신의 미래에 대한 그림을 그려보기 시작한다. '이번 생은 망했어', '이생망'이라는 말을 만들고 유포한 당사자가 바로 중학생들이다.

지금 코로나 앞에 선 경제인들의 선택은 중학교 2학년생들이 내리는 선택과 크게 다르지 않다. 조금 더 절박하고 조금 더 급작스러운 선택이기는 하지만, 마찬가지로 정보는 불충분하고, 미래는 너무나 역동적이다. 그리고 주식시장뿐만 아니라 채권시장, 외환시장, 금융시장 등 머니게임으로부터 흘러나오는 부정확하거나 성급한 예측들이 넘친다. 판단을 내리기가 쉽지 않다.

거칠게 산업의 미래를 분류하면 코로나로 인해서 매우 좋아질 산업인 A형, 충격은 받지만 제자리로 돌아올 B형, 그리고 어떻게 해도 제자리로 돌아오지 못할 C형, 이렇게 분류할 수 있을 것이다.

A형 산업: 팬데믹으로 인한 특수가 유지된다

A형 산업의 대표적인 사례는 화상회의 플랫폼 '줌^{zoom}' 등 비대면 활동과 관련된 인프라 사업이다. 코로나 국면에서 특수를 누리고, 코로나 회복 후에도 과거로 돌아가지 않는다. 반도체 분야도 관련된 생산이 늘어나면서 특수를 맞고 있다. 이후에 성장세가 정지할 수는 있어도 뒤로 돌아가지는 않는다. 환경위기가 심각해지면서 재생가능 에너지 산업이 결정적 전환기를 맞았다. 태양광은 기존에도 각광 받았고, 해상풍력은 팬데믹과 함께 약진할 것이다. 자율주행과 전기차 조합은 아직 시제품도 출시되지 않았지만, 팬데믹 이후 가장 아름다운 미래의 상징처럼 되어버렸다.

자가격리가 증가하면서 흔히 퀵서비스라 불리는 오토바이 택배의 물량도 같이 증가했다. 계약서 등 중요한 서류의 상당수는 아직도 온라인으로 처리할 수가 없고, 여기에 오토바이 택배가 사용된다. 2단계 거리두기가 한창 진행 중이던 지난여름, 나도 급하게 서류를 보내야 하는 경우가 생겨서 꽤 비싼 돈을 주고 A4 용지 한 장을 오토바이 택배로, 그것도 몇 번이나 보낸 적이 있다. 비싸긴 하지만 제일 효과적이다.

배달의 증가는 물류의 변화를 만들어냈다. 이러한 변화는 팬데믹 이전에도 진행되고 있었지만 그 속도가 더욱 빨라졌다. 배달의 증가와 더불어 나타나는 대표적인 현상이, 대형 쇼핑몰이 상가 공간을 재배치하고 있는 것이다. 지금 도시 근교의 쇼핑몰 대다수는 물류기지 혹은 물류창고로 전환될 가능성이 높다. 팬데믹이 이 전환의 속도를 더욱 빠르게 하고 있다.

그래서 생겨난 또 다른 변화는? 샤넬을 비롯해 명품으로 불리는 제품들의 주요 구매 연령이 10대 후반으로 내려오게 되었다. 백화점 등 럭셔리 숍이라는 물리적 공간을 주 마케팅 장소로 삼았던 명품 브랜드들이 모바일 기반의 온라인 마케팅에 더 적극적으로 뛰어들게 되면서, 백화점에 잘 가지 않던 10대들이 이 시장에 들어오게 되었다. 이런 종류의 특수 역시 코로나 회복 후 꺾이지는 않는다.

B형 산업: 팬데믹의 충격은 받지만 제자리로 돌아온다

B형 산업은 코로나로 인해 충격은 받지만, 그 충격이 단기적이어서 과거 상태를 회복할 수 있는 종류의 산업이다. 발레 공연을 대표적인 예로 들 수 있겠다. 2019년 티켓 예매 기준으로 발레 공연의 매출액은 111억 원 정도다. 뮤지컬의 매출액은 3,100억 원 정도다.[*] 공연 분야는 티켓 매출액 기준으로 2020년에 30퍼센트의 매출액 감소가 있었다.[**] 발레 공연에 비해 상대적으로 규모가 큰 뮤지컬과 연극계에는 누적된 피해가 적지 않다. 뮤지컬과 연극계는 경제적 충격으로 극단 숫자가 줄어들 것으로 예측되고, 극장이 다시 열

---

[*]   문화체육관광부 · 예술경영지원센터, 2019년 공연예술 실태조사.
[**] 공연예술통합전산망 자료.

려도 2년 정도 지속될 경제적 충격을 감안하면 전체 공연의 숫자가 줄어들 가능성이 높다.

반면 발레는 예술 통계에서 무용과 합계해서 조사하는 경우가 많을 정도로 규모가 작다. 오죽하면 연말에 공연되는 차이콥스키의 〈호두까기 인형〉이 전 세계 발레단을 먹여 살린다는 말이 나오겠는가. 이렇게 규모가 작고 특수한 시장을 원래 자리로 돌아올 대표적인 B형 산업으로 분류할 수 있다. 관객의 수는 적어 보이지만 충성도가 워낙 높고 탄탄해서 발레를 즐기는 사람들의 수는 코로나 이후로도 줄어들지 않을 것이다.

정부가 관여하는 공공부문 대부분을 B형 산업으로 분류할 수 있다. IMF 경제위기에는 민영화 논의가 격발되면서 포항제철을 비롯한 공기업들의 민영화가 이루어졌다. 이번에는 위기 양상이 좀 다르다. 공공병원의 역할이 강조되면서, 실제로 공공병원이 얼마나 확충될지는 미지수지만, 전체적으로 공공성 담론이 확산되었다. 일시적인 충격은 있겠지만, 공공부문은 원래대로 회복될 것이다.

C형 산업: 팬데믹의 충격 이후 제자리로 돌아오지 못한다

C형 산업은 충격 이후 제자리로 돌아오기 어려운 산업이다. 여러 유형의 산업이 각자 다양한 이유로 충격을 받고 원래대로 회복되기 어려울 것으로 보인다.

세계적으로 가장 크게 충격을 받을 산업으로 크루즈산업을 꼽는다. 크루즈산업은 최상위 선진국형 관광산업의 대표로 분류되었는데, 미국과 프랑스 항공모함에서도 확진자가 속출하면서 바이러스의 충격을 제대로 받았다. 이것이 일종의 트라우마로 남을 것 같다. 카리브해 연안에서는 승선과 하선 절차에서 나름대로 방역을 강화하면서 지금도 크루즈가 운행되기는 한다. 팬데믹이 1회성이라면 충격 이후 소득이 회복되면서 크루즈산업도 점차 제자리로 돌아가겠지만, 팬데믹이 주기적으로 다시 발생하지 않으리라는 보장을 아무도 하지 못한다. 다른 관광산업 또한 크루즈산업보다는 덜하더라도 충격을 많이 받게 될 것이다.

영화계는 장기적으로 보면 격론이 있을 수 있지만, 과거의 전성기로 돌아가기 어려울 것이라는 견해가 우세한 대표 산업이다. 여기에서 변수는 연평균 1인당 영화관람 횟수다. 한국의 경우는 2019년 기준 4.34회로, 아이슬란드를 제외하면 1인당 관람 횟수가 세계 1위였다. 영화 엄청나게 본다는 미국이 3.51회인 것과 비교하면 상당히 높은 수치다. 게다가 이 수치는 최근에 오르는 추세였다. 그러다 코로나와 함께 온라인 동영상서비스 OTT(Over-The-Top, 셋톱박스를 통한 관람)가 극장 관람의 대안으로 급격하게 떠올랐다. 넷플릭스Netflix의 약진 시대다. '가성비'를 중요하게 여기는 10~20대가 OTT에서 다시 극장으로 돌아와서 예전의 1인당 관람 횟수가 회복될까? 아니라고 보는 관점이 지배적이다. 이에 대한 반대 견해는 극장 경험, 즉 '몰입도'의 중요성을 강조한다. 극장에서는 외부와 격리된 상태에서 커다란 스크린과 입체적 사운드를 체험하게 함으로써 몰입도를 높인다. 극장에서만 경험할 수 있는 '극장의 맛'이 있다는 것이다. 두 가지 입장 사이에서 당분간 격론이 있을 것이다.

자신이 하는 경제활동이 어떤 유형에 속하는지를 쉽게 판단하기는 어렵다. 우리나라의 경우는 유례없는 팬데믹의 영향, 정부가 강하게 밀어붙이는 디지털 전환, 그리고 빠른 속도로 선진국 선두로 가면서 발생하는 '선진국 현상', 세 가지 요인이 동시에 작용한다. 선진국이 되면서 자연스럽게 노동시간이 줄어들고, 외식도 줄어들게 된다. 주4일 근무제를 시범 실시하는 회사도 늘어날 것이고, 이미 빠르게 줄어들고 있는 단체 회식도 직장민주주의의 강화와 함께 줄어들 것이다. 이런 변화들이 거의 동시에 발생한다.

4. 회복의 네 가지 패턴: U자형, V자형, L자형, K자형

국민경제나 산업이 위기에서 회복되는 패턴을 흔히 U자형과 V자형으로 구분한다. 고점에서 저점, 저점에서 고점이 완만하게 이어지는 U자형은 문제가 몇 년에 걸쳐서 회복되고 천천히 올라가는 경우를 말한다. 저점이 좀 길다. V자형은 급하게 내려갔다가 급하게 올라가는 형태다. 1980년 공황, 1997년 IMF 경제위기, 2008년 글로벌 금융위기, 이 세 번의 경제 충격이 우리나라에서는 V자형으로 회복되었다. L자형은 일본의 1990년대 경제위기 이후처럼 장기 침체가 계속되는 것을 나타낸다. '잃어버린 10년', 그리고 다시 '잃어버린 20년' 같은 표현이 나왔다. K자형은 코로나와 함께 등장한 새로운 용어다. 지난 미 대선에서 V자형과 K자형이 격렬하게 맞붙었다.

"이게(U자형이) V자형보다 낫습니다. 우주선입니다. V자형보다 훨씬 낫습니다."

트럼프는 2020년 6월에 U자형이 낫다고 말했던 것과 달리, 대선을 앞둔 10월 TV 토론회에서는 미국 경제가 V자형으로 회복되어갈 것이라는 기조를 유지했다. 바이든Joe Biden은 반박했다.

"트럼프는 V자형 회복에 대해 이야기합니다. (현실은) K자형 회복입니다. 여러분이 만약 정상에 있다면, 아마 잘되겠지요. 그렇지만 여러분이 중간이나 바닥에 있다면, 여러분의 소득은 내려갈 겁니다. 여러분의 소득은 오르지 않을 겁니다."*

K자형은 경제의 격차 현상이 코로나로 인해 급격히 심해져서 윗부분과 아랫부분이 정반대 형태로 가는 경우다. 이런 패턴이 생기면 단기적으로는 경제성장률이 떨어지지도 않고, 문제가 급격하게 드러나지도 않는다. 그렇지만 장기적으로는 국민경제가 상당히 위험해진다. 경제 체질이 약해지고, 내부 경쟁이 지나치게 높아지

---

* "Trump touts V-shaped economic recovery, while Biden sees it K-shaped", *CNBC* (16 Oct 2020), https://www.cnbc.com/2020/10/16/trump-touts-v-shaped-economic-recovery-while-biden-sees-it-k-shaped.html.

고, 사회적 합의에 도달하기가 어려워진다. 그래서 국가를 끌고 나가는 집단으로서는 사회통합을 형식적으로라도 이루기 위해 간편한 방법으로 민족주의와 국가주의를 강화하려는 경향이 생긴다.

국민경제 차원에서 논의되던 U자형 혹은 V자형 패턴이 최근 각 산업은 물론이고 하부 업종 단위에서도 이야기되기 시작했다. 코로나로 인해 경제지표가 하락세를 유지하다가 U자형이 됐든 V자형이 됐든 다시 상승세로 돌아설 것이라는 예측이다. 예컨대 "코로나만 끝나면 물밀듯이 해외여행을 갈 거다", 이런 추론이다. 진짜로 그럴까? 흔히 '보복소비'라고 불리는 팬데믹 직후의 소비 증가는 일시적일 가능성이 높아, 이를 장기간의 추세로 보기는 어렵다.

국제 수지에 상당한 영향을 미치는 해외여행은 지불 여력과 레저 패턴, 두 가지에 크게 영향을 받는다. 여행업을 비롯한 많은 서비스산업의 특징이 소멸성perishability이다. 한 번 사용되지 못한 서비스는 사라진다. 영화나 연극이 그렇고 스포츠가 그렇다. 2012년 메르스 사태 때 개봉한 영화들이 큰 타격을 받았다. 그러면 그 영화들은 그냥 그렇게 사라지는 것이다. 2019년 이탈리아 축구팀 유벤투스 FC가 우리나라 국가대표팀과 친선경기를 치렀는데, 그날의 메인 스타였던 크리스티아누 호날두가 결장했다. 표를 예매한 사람들이 화가 났다. 결국 사건은 법원으로 갔고, 보상 판결이 내려지긴 했다. 그러나 애초에 정해진 시간에 판매자가 그 서비스를 판매하지 못하면, 구매자는 그 서비스를 다시 받기는 어렵다.

해외여행은 소멸성 서비스인가, 아니면 금융상품처럼 저축성 서비스인가? 기본은 소멸성이다. 정상적인 경제활동을 전제하면, 많은 경우 소비자는 단위 기간의 예산 제약하에서 서비스 구매를 결정한다. 그런데 한국의 많은 중산층은 코로나 국면의 비상 상황을 버티면서 가처분소득에 타격을 받게 되었다. 의식주의 많은 요소 중에서 여행 특히 해외여행은 순위가 뒤로 밀린다. 비즈니스 여행 역시 마찬가지다. 해외 콘퍼런스 등 공무나 비즈니스 출장도 기본적으로는 소멸성으로 그해에 하지 못한 비즈니스 여행은 사라진다.

V자형을 희망하는 많은 산업에서 살펴봐야 할 것은 단기 반등이 아니라 패턴 분석이다. 세계화가 첨단이던 시대는 코로나와 함께 종료된다. 그렇다고 해서 세계적인 차원의 글로벌 밸류 체인이 갑자기 사라지지는 않지만, 방역이 조금 더 안전한 곳으로 그리고 운송거리가 조금 더 가까운 곳으로 재배치될 가능성은 높다. 구매력과 소비 성향 분석만이 아니라 좀 더 장기적인 측면에서 패턴 분석이 필요하다.

5. 자동차산업의 경우

코로나 한가운데에서 한국의 무역은 전체적으로 선방하고 있다. 여행도 덜 가고, 수출보다 수입이 더 감소한 데 따른 전형적인 '불황형 흑자'이기는 하다. 일본의 경우도 마찬가지다. 중국은 상황이 더 좋다. 최근 수출이 20퍼센트 이상 증가했고, 무역 흑자는 100퍼센트 이상 급증했다. 역대 최고치를 경신할 수도 있다. 미국과의 무역 마찰에도 불구하고 의료장비와 생필품 등의 전 세계 수출이 늘었다. 미국과 유럽 등 북반구 국가를 덮친 코로나 2차 충격이 오히려 한·중·일 세 나라에 반사이익을 주었다고 볼 수 있다.

한국의 원화 가치는 달러화와 엔화에 비해서도 유독 강하다. 달러당 1,100원 선 아래로 내려갔는데, 이런 추세가 당분간 유지될 듯하다. 화폐의 가치는 그 나라 경제의 체질을 보여주는 가장 확실한 지표다. 경제의 선행지표로 화폐 자체가 일종의 유가증권으로서 투자 대상이 되기 때문이다. 달러로 일상 거래를 하지 않는 우리는 체감하기 어렵지만, 달러로 표시되는 한국의 모든 자산 가치는 원화 가치가 상승하면 함께 상승한다. 덩달아 우리의 가치와 소득도 높아진다.

YS 집권 후반기에 원화 가치가 높아지면서 우리는 처음으로 국민소득 1만 달러 시대를 열었다. 물론 그 대가는 혹독했다. IMF 경제위기가 터졌다. 앞뒤 맥락을 자르고 보면, 지금 상황이 그때와 유사하다. 팬데믹 사태가 벌어졌고, 원화 가치가 상승했고, 3만 달러 초반에 머무르던 국민소득이 갑자기 4만 달러로 향하게 되었다. 일본 경제가 한창 좋을 때, 엔화 가치가 높아지는데 일본 수출은 크게 타격을 받지 않았다. 거의 절대 경쟁력을 누리던 시절이다. 소니는 전성시대에 CBS 레코드와 컬럼비아 영화사를 사들였다. 그런 소니의 시대도 결국은 하락세를 맞이했다.

코로나 국면에서 수출에 힘을 쓴 업종들이 있다. 세계적으로 운송이 줄면서 석유 관련 제품들의 수출이 확 줄었다. 반면 바이오 헬스 제품 수출이 급상승했고, 절대규모는 크지 않지만 친환경차량 수출도 23.7퍼센트 늘었다. 자동차산업의 경우, 코로나 초반에는 승용차와 코로나의 관계를 예측하기란 불가능했다. 격리가 얼마나 강도가 높고 오래갈지 알 수 없었기 때문이다. 텅 빈 도시, 교통량이 급감하리라고 예상하는 것이 당연했다. 그렇지만 돌아보니 타격은 대중교통이 받았고, 승용차 쪽으로 저울추가 기울었다. 방역 당국

표1-2 　　　　　　　　　　2020년 한국 주요 품목의 수출 증가율

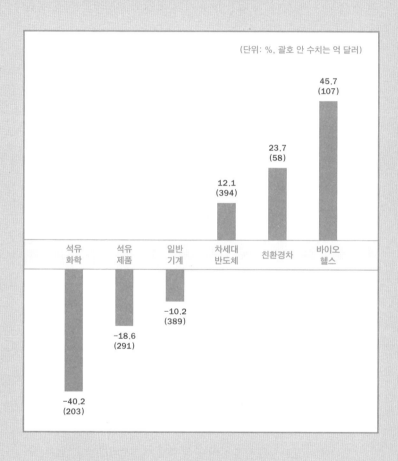

(단위: %, 괄호 안 수치는 억 달러)

품목	증가율 (억 달러)
석유화학	-40.2 (203)
석유제품	-18.6 (291)
일반기계	-10.2 (389)
차세대반도체	12.1 (394)
친환경차	23.7 (58)
바이오헬스	45.7 (107)

출처: 무역협회 국제무역통상연구원

은 확진이 의심되면 대중교통을 이용하지 말고 '자차'로 보건소 등에 설치된 선별진료소에 가라고 했다. 어쩔 수 없는 일이었다. 사람들은 자차를 선호하게 되었다. 자동차를 타고 검사하는 '드라이브 스루drive-through' 방식도 한국에서 처음 나왔다. '자동차 대국'에 '방역 강국'다운 면모다. 오랫동안 유지되던 중국, 미국, 일본, 독일의 자동차 생산 4강 체제에서 2020년 한국은 처음으로 독일을 제치고 4위로 올라섰다.

지난여름 어느 금요일, 아홉 살 큰애랑 같은 돌봄교실에 있던 친구가 고열이 났다. 친구가 양성 판정을 받는지 주말 동안 기다려서 결과를 보자고 하는데, 마음이 그렇게 느긋하지 않았다. 저녁이라 보건소는 닫았고, 안내를 받아 강북성심병원에서 검체검사를 했다. 학교에 발열 학생이 있다고 해서 검사를 무료로 해주지는 않던 시절이다. 17만 원 정도 냈다. 그때 창문을 열어놓고 뒷자리에 아이를 앉히고 병원을 오가면서 별의별 생각이 다 들었다. 새벽 두시에 문자로 음성 판정을 받고서야 잠시 한숨 놓았다. 그런데 차가 없으면 어떻게 해야 하나? 빌리는 수밖에 없는데, 운전할 사람이 없으면? 누가 의심 환자 검사받으러 가는데 차를 빌려주고 운전을 대신해주겠나? 나도 자식이니까 급하게 운전하고 갔지, 동생이었다면 "네가 알아서 좀 해라", 이랬을지도 모른다.

오른쪽의 표1-3은 서울시의 교통정보 시스템 TOPIS(Transport Operation & Information Service)의 자료이다. 서울시 전체 통행 속도

표1-3

서울시 통행 속도 비교(2019~2020년)

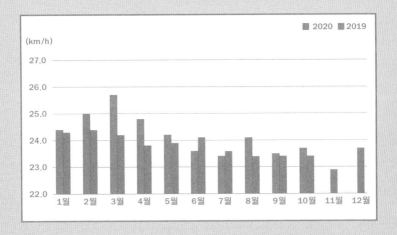

(단위: km/h)

구분	1월	2월	3월	4월	5월	6월	7월	8월	9월	10월	11월	12월
2020년(A)	24.4	25.0	25.7	24.8	24.2	23.6	23.4	24.1	23.5	23.7	–	–
2019년(A)	24.3	24.4	24.2	23.8	23.9	24.1	23.6	23.4	23.4	23.4	22.9	23.7
증감(A-B)	0.1	0.6	1.5	1.0	0.3	-0.5	-0.2	0.7	0.1	0.3	–	–

출처: 서울시 교통정보 시스템 월별 통행 보고서(2020년 10월 기준)

를 이전 해 같은 기간과 비교한 것인데, 격리가 진행 중이던 3월에 전체 통행 속도가 1.5km/h 더 빨라졌다. 그런데 격리가 어느 정도 완화된 6월과 7월은 오히려 이전 해보다 통행 속도가 더 느려졌다. 대중교통 분담률에 대한 통계가 아직 나오지 않았지만, 자가용 이용자 비중이 늘어났을 것이라는 추정이 많다. 교통량 회복은 일반적인 예상보다 더 빨랐는데, 이런 추세를 해석하는 가장 편한 방법은 대중교통 대신 자가용 이용이 늘어났다고 보는 것이다.

2020년 11월 미국의 추수감사절, 텍사스주 댈러스에 모인 수천 대의 차량에 전 세계 사람들이 기겁했다. 루스벨트 Franklin Roosevelt 시절의 뉴딜 정책 이후로 가난한 사람들에게 음식을 배급해온 푸드뱅크에서는 매년 추수감사절이면 칠면조를 비롯한 약간의 음식을 나누어 준다. 부자 나라라서 드라이브 스루 방식을 사용했는데, 음식을 받으려고 도로를 가득 메운 차량 행렬이 CNN을 통해 세계에 보도되었다. 차가 없으면 식량 배급도 받기 어려운 이 기막힌 역설. 코로나 시대, 미국에서만 볼 수 있는 장면이었다.

지금까지 자동차 이용을 둘러싼 흐름은 환경보호를 우선하고 대중교통 이용을 권장하는 것이었다. 기후변화협약이 점점 강화되면서, 도심에서 자전거 이용을 늘리고 자가용의 개별 운행을 줄이는 방향으로 세계가 움직이고 있었다. 2000년대 초반 DJ 시절, 우리나라 기후대책에 재택근무 권장이 포함된 것은 출퇴근용 자가용 운행을 줄이기 위한 일종의 방향 제시였다. 최근에는 청년들의

2020년 추수감사절, 텍사스주 댈러스에 모인 수천 대의 차량 행렬(CBS 방송 화면).

소득 저하와 '쏘카' 등 차량공유 서비스의 발달로 자가용을 덜 소유하는 쪽으로 흐름이 바뀌는 중이었다. 팬데믹이 이 흐름을 역전시켰다.

IMF 경제위기 때 한국의 자동차산업은 거대한 격동기에 접어들었었다. 삼성은 이건희 회장의 꿈이라며 부산에 만든 자동차 공장에서 손을 떼게 되었다. 한때 국민차라는 이야기를 듣던 기아자동차는 현대에 인수되었다. 대우는 쌍용자동차를 인수해서 IMF 이후에도 계속 몸집을 불렸지만, 2000년 결국 워크아웃으로 공중분해되었다. 일반적으로 대형 경제위기가 오면 사람들의 소득이 줄어들면서 자동차산업은 구조조정을 비롯한 큰 위기를 맞게 된다. 그런데 이번의 팬데믹 국면은 다르다. 쌍용자동차가 존폐 위기에 놓이기는 했지만, 이는 디젤차에서 친환경차로 패러다임이 바뀌는 데 적절한 투자와 전환을 하지 못한 이유가 더 크다. 내수가 전격적으로 위축되자 정부가 자동차산업의 급격한 위축을 우려해 개별소비세를 인하해주기도 했다. 지금 돌아보니 한국 자동차는 팬데믹으로 엄청난 충격을 받기보다는 오히려 새로운 기회를 맞게 되었다. 팬데믹이 자동차 소유 증가라는 산업적 효과를 발생시킨 셈이다.

6. 해운업과 조선업의 경우

주가와 환율이 경제에서 제일 먼저 움직인다면, 배는 가장 나중에 움직인다. 주가는 어떤 제품이 생산도 되기 전에, 아니 생산 능력이 생기기도 전에, '만들 예정'이라고 발표하는 그 순간 바로 움직인다. 이렇게 금융경제가 움직이고 나면 실물경제가 천천히 작동하면서 제품이 생산되는데, 이 제품들이 수출될 때 비로소 항구에서 배가 떠난다. 그리고 우리나라 수출의 대부분은 이 배를 통한다.

표1-4는 해상과 항공의 수출물량을 톤 단위로 비교한 것이다. 항공에 비하면 배가 보통 200~250배 정도 물량이 많다. 팬데믹과 함께 항공사들이 화물 운송에 적극 뛰어들어서 2020년 10월에는 이 비율이 169.1배까지 내려왔다. 항공이 얼마나 힘들었는지를 보여주는 수치다. 그렇다면 배는 이 기간에 어떻게 되었을까?

표1-4   2014~2020년 운송수단별 수출물량 비율(해상/항공)

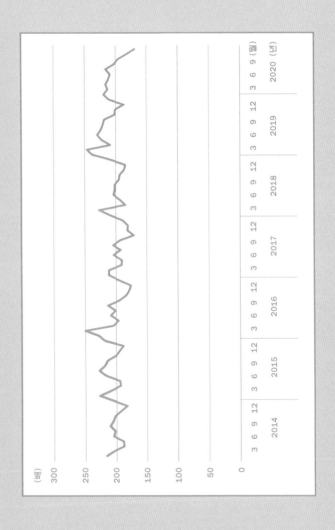

코로나19가 해운경제학의 새로운 역사를 쓰고 있다. (…) 이런 상황에서 코로나19의 완화, 백신 개발에 대한 기대감 등으로 인간의 의식주에 대한 욕구와 국제적 거래가 되살아나면서 물동량이 늘어나기 시작했고, 운임까지 상승했다. 해운업체들이 불황은커녕 최근 보기 드문 호황을 누리게 됐다.*

코로나 이후로 해운업계는 금융경제 못지않게 보기 드문 호황을 만났다. 2020년 초만 해도 해운업계는 수출 부진으로 한동안 힘겨운 상황이 계속될 것이라고 예상되었는데, 한 해가 지나가기도 전에 상황이 변했다. 누구도 예상하지 못했다. 2020년 여름이 가까워지면서 각국이 봉쇄를 풀고 경제가 되살아나기 시작했다. 9월 이후 수출이 재개되면서 물동량이 급증한 부산항에서는 컨테이너 구하기가 어려워졌다. 미국으로 가는 편도 컨테이너 비용이 왕복 컨테이너 비용에 육박하기에 이르렀다. 특히 중국행 코로나 관련 지원 물자와 농식품이 늘어나면서 해운 물동량이 늘어났다. 코로나 특수가 바다에서도 벌어진다는 것이 놀랍다. 물론 이를 모든 해운업체에 적용할 수는 없다. 일반 상품을 수출하는 컨테이너선은 지금 한창 호황이지만, 석탄 등을 나르는 벌크선의 경우는 상황이 여전히 어렵다. 장기 전망을 어렵게 하는 요소다.

* 이동현, "코로나 19, 해운경제학을 다시 쓰다", 〈현대해양〉, 2020년 12월 8일자.

해운업계의 호황과 함께 2016년 국내 1위 해운사였던 한진해운의 파산이 다시금 수면으로 떠올랐다. 한진해운이 파산하고 글로벌 해운사에 매각된 것은 박근혜 시절, 최순실에 모피아까지 온갖 이해관계가 얽히고설킨 복잡한 사건이다. 한진해운을 파느냐 마느냐를 두고 이 사람 저 사람 말들이 참 많았다. 청와대 정책실장이었던 김상조까지, 팔기로 했으면 빨리 팔아버리는 것이 국익이라고 이야기했다. 지금 돌이켜보면 그 순간이 매우 아쉽다고들 이야기한다.

2020년 여름, 한국이 코로나 2차 대유행에 대처하는 동안 세계적인 해운사들은 계산기를 다시 두드리고 항로를 재조정하느라 바빴다. 현대상선이 이름을 바꾼 HHM은 올해 흑자로 전환했고, 발행할 때는 회사채지만 일정 기간 후 투자자의 요구로 주식으로 전환할 수 있는 전환사채(CB)를 공모했다. 투기 등급인 BB등급의 사채로, 권장할 만한 투자 종목이 아닌데도 9조 원 이상의 청약자금이 몰렸다. 돈벼락은 많은 사람이 신경도 쓰지 않은 데서 터졌다. 코로나 효과, 참으로 아이러니하지 않을 수 없다.

지역 경제에 민감한 영향을 미치는 조선업의 상황은 어떨까? 일단 수주 실적은 코로나 봉쇄가 다소 완화된 2020년 하반기로 오면서 상당히 개선되기는 했다. 그러나 오염물질 저감장치 부착 등 선박 부문에 예정되어 있던 규제가 코로나로 인해 늦춰지면서, LNG선 등 친환경 선박 제작에 경쟁력이 있는 우리나라가 기대했던 변화가 당장 나타나지는 않았다. 그렇지만 장기적으로 친환경 선박 제작이 늘어나고 오래된 배들이 퇴역하게 될 테니, 한국 조선업에 새로운 기회가 올 것으로 예상할 수 있다.

7. OECD는 어떻게 보는가?

2020년 12월에 OECD에서 향후 2년간의 세계 경제를 예측한 경제 전망 보고서를 발간했다. 팬데믹 1차 충격이 지나가고, 2차 충격이 막 전개되는 시점이었다. 백신은 이미 개발되었고, 치료제 개발도 가시권에 들어온 시점에 나온 전망치라서 특별히 사람들의 관심을 끌었다.

많은 사람에게 악몽 같았던 2020년이 지나고, 경제가 차츰 회복되리라는 가정하에 2019년 4분기와 2021년 4분기의 GDP를 비교한 것이 표1-5다. 코로나바이러스가 없었던 2019년 4분기가 일종의 기준점으로 사용되었고, 2021년 4분기에는 코로나 충격이 상당히 가실 것이라는 가정하에 두 시점을 비교했다. 실제로 2020년 한국의 4분기 실질 국내총생산(GDP) 경제성장률은 1.1퍼센트를 기록했는데 많은 기관들은 0.7퍼센트 성장을 예상했었다. 팬데믹

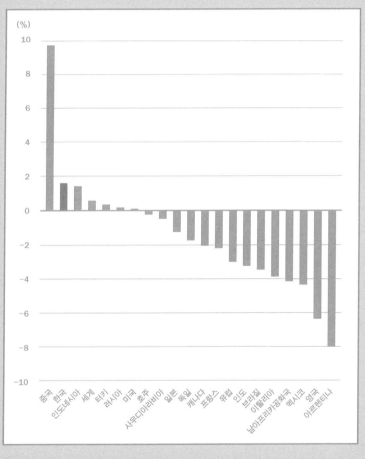

출처: OECD Economic Outlook December 2020

을 감안하면 수치상으로는 상당히 선방한 것이다.

OECD 보고서에서 2019년에 비해 2021년에 GDP가 가장 크게 성장할 것으로 예상한 나라는 중국으로, 9.74퍼센트 성장률을 보인다. 그다음이 한국 1.63퍼센트, 그다음이 인도네시아 1.46퍼센트다. 미국이 0.08퍼센트로 거의 0에 가깝고, 그다음부터는 마이너스 성장이다. 일본이 −1.26퍼센트, 독일이 −1.75퍼센트, 프랑스 −2.25퍼센트, 그리고 영국이 −6.36퍼센트다. 세계적으로는 0.59퍼센트 성장할 것이라고 예상된다. 2021년 연말이면 전 세계가 2019년 연말 상황을 대체로 회복한다는 이야기다. 이 예상 작업에는 세계적인 2차 유행이 다소 과소평가되어 있다. 실제 수치는 대부분 예측보다 더 낮게 나올 것이다.

표1-6은 같은 OECD 보고서의 2020년 GDP와 2021~2022년 예상 GDP를 주요 국가별로 재구성한 것이다. 프랑스, 인도, 영국 같은 나라들이 2020년에 코로나로 크게 충격을 받았고, 2021년부터는 전 세계적으로 경제성장률이 다시 회복될 것으로 전망된다. 그러나 이 수치들은 코로나 2차 충격의 규모와 지속기간 그리고 백신의 실효성에 크게 좌우되기 때문에 일단 참고용이다.

다른 편견 없이 이 수치를 본 많은 사람이 경제적 측면에서는 중국이 최대 수혜자라고 생각할 것이다. 중국을 둘러싼 팬데믹 음모론이 끊이지 않는 배경도 중국이 경제적으로 수혜를 입은 측면이 있기 때문이 아닐까? 중국 다음으로 좋은 경제 성과가 예상되는 국

표 1-6　　　　　　　2020 GDP와 2021~2022년 예상 GDP 비교

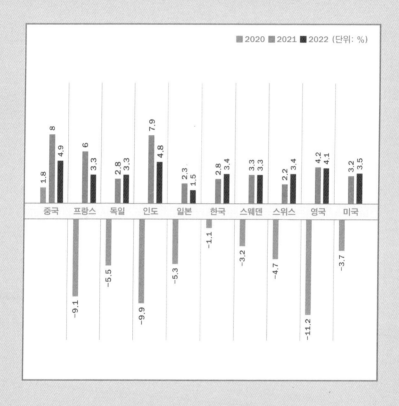

출처: OECD Economic Outlook December 2020을 바탕으로 필자가 재구성.

가가 한국이다. 물론 경제성장률이 모든 것을 이야기해주는 것도 아니고, GDP가 삶의 질이나 행복을 의미하는 것도 아니다. 그렇지만 국가 프로필을 만들 때 맨 앞에 오는 것이 GDP이다. IMF 경제 위기나 2008년의 글로벌 경제위기 이후로 한국이 아주 어려워졌다고 할 수 있는 반면, 코로나 위기에서는 오히려 국제적으로 발전 계기를 갖게 되었다고 말할 수 있을까? 적어도 OECD 보고서는 그런 이야기를 하고 있다.

8. 선진국 한국,
여긴 어디? 난 누구?

"여기가 어디냐? 여기 있는 사람들이 누구냐?"

2017년 법정에 선 롯데 총괄회장 신격호가 했던 이 말은 듣고 그냥 웃어넘기기만은 어려운 롯데가의 비극으로 오랫동안 기억에 남아 있다. 두 아들의 경영권 분쟁 중에 자신도 경영비리 혐의로 피고인석에 앉아 있던 그가 말년에 겪은 정신적 고통을 보여주는 듯하다. 세상에서 제일 쓸데없는 걱정이 연예인 걱정과 재벌 걱정이라고 하지만, 나는 이 뉴스를 보면서 괜히 마음이 짠했다. 돈이 뭔가, 그런 생각을 잠시 했다.

우리가 1인당 국민소득 4만 달러 경제로 향해 간다는 것은 "여긴 어디? 난 누구?" 이런 질문을 집단으로 던지게 되는 것과 같다. 원래 경제의 성장은 선진국에 가까워질수록 점진적으로 이루어지고 성장률도 갈수록 낮아지기 때문에, 막상 어느 수준에 올라섰다고 해도 체감하기는 쉽지 않다. 문득 어느 날 돌아보니 상황이 변했음을 인지하게 될 뿐이다.

국제적으로 보면 지금부터 우리가 겪는 변화는, 우리의 연봉이 평균적으로 올라간다는 것을 의미한다. 팬데믹으로 인해 다른 나라들에 비해 상대적으로 우리나라가 경제적으로 안정되면서 원화 가치가 상승하고, 달러로 환산된 우리의 연봉과 소득은 그전에 비해 높아진다. 그렇지만 당연하게도 연봉의 가치만 높아지는 것은 아니다. 하다못해 짜장면 가격도 따라서 상승하기 때문에 우리나라 안에서는 소득이 오른 것을 체감하기 쉽지 않다. 혹시라도 해외여행을 가게 되면 조금은 풍성해진 느낌을 받을 테지만, 해외여행이 제한된 팬데믹 시대에 그 약간의 원화 강세를 당장 느끼기는 쉽지 않다. 해외 직구를 한다면 조금은 느낄 수 있겠다. 그 밖에 우리의 일상생활에서 변하는 건 별로 없다.

엉겁결에 일본, 프랑스 같은 선진국을 최소한 국민소득의 측면에서 따라잡거나 추월하게 되는 시대, 어색하다. 그런데 실제로 한국보다 경제가 더 강한 나라들이 이제 몇 없다. 우리가 자각을 못 해서 그렇지, 이미 우리나라는 충분히 선진국이다. 팬데믹을 계기로 한국 경제는 부쩍 약진해서 말 그대로 한 단계 도약하게 된다.

경제사적으로 정확히 들어맞지는 않지만, 엉겁결에 세계 최고의 패권국가가 되었던 과거 네덜란드의 경우가 지금 우리의 상황과 그래도 좀 비슷하다고 할 수 있겠다. 1602년 동인도회사를 처음으로 설립한 것이 네덜란드였고, 1609년 세계 최초의 증권거래소가 생긴 곳도 네덜란드의 암스테르담이었다. 돈이 네덜란드로 막 밀려들었다. 에도시대 일본의 신新학문을 '네덜란드 학문'이라는 의미에서 '난학蘭学'이라고 불렀고, 난파를 당해 조선에서 억류하며 표류기를 쓴 하멜Hendrik Hamel 역시 네덜란드인이었다. 네덜란드는 제국주의의 첨병으로서 인도네시아까지 식민지로 만들었고, 한동안 세계 패권을 쥐고 있었다. 그러나 그 시기는 너무나 짧았다. 대영제국이 본격적으로 제국주의로 나서면서 네덜란드의 황금시대는 저물고 만다.

아마 역사가 훗날 지금 이 시기를 이야기한다면, 한국 경제가 코로나19를 계기로 선진국 중간 그룹에서 선두 그룹으로 도약한 시기였다고 쓰게 될 것 같다. 미국이나 유럽 국가들이 혹독한 봉쇄를 겪을 때, 한국은 그런 수준의 격리 없이 한 해를 버텨냈다. 그게 한국의 위상을 한 단계 위로 올려놓았다고? 게다가 이게 다 국민들이 마스크 열심히 쓴 덕분이라고? 결과적으로는 그렇다. 불행히도 낭만적이거나 아름답지만은 않지만.

"무슨 선진국 경제가 이래?" "나는 왜 이렇게 힘들어?" 누군가 이렇게 말할 것이다. 자, 그럼 미국이 전우의 시체를 절대 사지에 버려두고 오지 않는다는 나름의 신화를 만든 것처럼, 우리도 코로나 사태 속에서 어려워진 사람들을 지지하고 손실을 보상해주려는 노력을 할까? 그렇지 않을 것 같다. 소비가 급락할 때 소비진작 정책은 쓰지만, 그건 어디까지나 거시경제를 운용하면서 자금이 돌지 않는 곳에 쓰는 긴박한 대책의 일환일 뿐, 그 이상을 넘어가지는 않는다. 전략게임에서 적군이 쳐들어오는 곳에 긴급하게 병사들을 보내서 멀티기지가 너무 빨리 함락되는 것을 지연하려는 작전과 크게 다르지 않다. 망한 기업이나 망한 사람은? 그냥 내버려둔다. 우리는 오랫동안 경쟁에서 뒤처지는 사람들을 그냥 버려두고 가는 방식의 경제 운용에 익숙해졌다. 그 구조를 끌고 여기까지 왔다.

문 닫은 동네 식당과 카페가 즐비한 가운데, '영혼까지 끌어모아' 부동산을 구매하는 부동산 광풍이 코로나 국면과 함께 펼쳐졌다. 이래서는 도저히 못 살겠다는 '위드^{with} 코로나' 시대, 죽을 사람 죽더라도 그냥 문 열고 장사라도 하게 해달라는 비명, 죽을 사람 죽고 나면 그다음 장사는 어떻게 할 것인가 하는 외침. 서로 다른 목소리들이 빈 거리를 가득 메우는 사이, 한국은 누가 신경을 쓰든 말든 선진국 저 높은 곳으로 뛰어올랐다. 경제가 원래 이렇다고 하기에는 드문 일이다.

박정희가 쿠데타를 일으킨 1961년 5월 16일을 기점으로 생각해보자. 대한민국에 산업화가 필요하다는 이야기를 그때부터 20년 좀 넘게 했고, 1987년 이후로 민주화가 필요하다는 이야기를 또 한 20년 정도 했다. 노무현 정권 때 우파 시민단체를 형성한 뉴라이트 쪽에서 대한민국 '선진화' 이야기를 꺼낸 이후로 이명박·박근혜 정권을 거치면서 정책 기조는 줄곧 선진화였다. 그저 자기들이 하고 싶은 이야기를 하면서 '선진화'라는 단어를 썼고, 하다못해 국회에서 몸싸움은 하지 말자는 법도 '국회선진화법'이라는 이름을 갖게 되었다. 그렇게 지난 60년을 보냈다.

안녕, 선진국? 여하간 한국은 죽어라 하고 앞으로 앞으로 달려서 여기까지 왔다. 고지에 좀 올라보자면서 고지전 같은 자세로 국민들을 끌고 온 것인데, 사실 그 정신 하나로 팬데믹을 정면 돌파한 것도 사실이다. 전시체제에 국민총동원하듯 경제를 운용한 것인데, 다른 선진국들은 이렇게까지 국민을 총동원하지는 못했다. 자, 이제 우리는 또 어디로 갈 것인가?

"코로나 언제 끝나?" 많은 사람이 묻는다. "하루라도 빨리 이전으로 돌아가고 싶다"고 말한다. 과연 이전으로 돌아갈 수 있을까? 글로벌 경제는 끊임없이 어디론가 항해하는 배와 같다. 마스크를 쓰지 않아도 되는 삶, 편안하게 친구들과 대화할 수 있는 일상이라는 의미에서는 '이전'이 존재하지만, 경제라는 측면에서 '이전'은 없다. 한국은 그사이에 선진국 저 앞쪽으로 이미 이동해버렸을 테니까. 돌아갈 2019년의 대한민국은 이미 존재하지 않는다.

1장을 마무리하면서 이 이야기를 하고 싶다. "코로나 때문에 우리 모두 힘들어!" 정말 모두가 힘들까? 그렇지 않다. 국가는 힘들지 않다. 대박 터진 산업도 있다. 하다못해 재택근무로 사무실 운영비라도 줄인 기업은 힘들지는 않다. 기업은 실컷 돈을 벌어도 코로나

핑계로 성과급을 지급하지 않고 넘어간다. 만세! 외치는 소리가 들린다.

한국, 모두가 똑같이 힘들까? 힘든 건, 코로나로 어려워진 당신뿐이다. 마스크를 일상적으로 쓰는 일이 힘들다면 힘들겠지만, 진짜 힘든 건 가게가 망하거나 해고된 사람들이다. 소득이 형편없이 줄어든 사람들이다. 마스크 때문에 힘든 것과 경제적으로 힘든 것, 같은 위치에 놓고 할 이야기가 아니다. 지금 힘든가? 힘든 사람만 힘든 거다. 코로나 국면, 한국에는 지금 돈이 넘쳐난다. 힘든 사람 주머니에만 돈이 없다.

선진국 한국, 여긴 어디? 난 누구? 부자 나라의 가난한 국민, 지금부터 우리는 그것을 제대로 보게 될 것이다.

2

경비회사에서
방역회사로:

돌아온 국가
그리고 부작용

1. 국가의 귀환

코로나 사태가 터지고 제일 먼저 한 일이 우리 집 TV 셋톱박스를 바꾼 거였다. 뉴스는 YTN을 주로 봤는데, 우연히 CNN을 봤더니 우리가 보는 뉴스와는 완전히 각도가 다른 뉴스들이 나왔다. 기존 채널만 가지고는 곤란할 것 같아서 프랑스 방송까지 포함한 조금 더 비싼 상품으로 바꾸면서 셋톱박스도 함께 바꿨다. 그때부터 CNN, 폭스뉴스, BBC, NHK와 프랑스 뉴스들을 번갈아서 보는 저녁시간이 시작되었다. 방송마다 편집하는 방식이 다르고, 무엇보다도 코로나에 대한 온도가 달랐다. 가장 최근에 온도감이 달랐다고 느낀 뉴스는, 아랍에미리트에서 중국 백신 '시노팜' 임상실험을 했고, 86퍼센트의 효능을 보였다는 뉴스였다. CNN에서 NHK까지 한참 크게 보도된 사건인데, 우리나라 뉴스에서는 매우 짧게 그리고 몇 군데에서만 간략하게 나왔다.

제일 많이 본 건 역시 뉴욕 주지사 앤드루 쿠오모^{Andrew Cuomo}의 코로나 일간 브리핑이었는데, 보통 오후 한시경에 거의 매일 봤다. CNN 앵커인 동생 크리스토퍼 쿠오모^{Christopher Cuomo}와 방송에서 만나 인터뷰를 하다가 코믹한 대화로 유명해진 바로 그 쿠오모다. 앵커 동생이 인터뷰 도중 "엄마가 아무리 바빠도 전화 한 통 하래" 라고 말하자, "엄마가 제일 사랑하는 아들은 나야"라고 응수했던 바로 그 쿠오모. 이렇게 재밌는 주지사가 있다니, 잠시 웃을 수 있었다. 그 기간 한국에서는 총선이 있었고, 미국에서는 대선이 있었다. 코로나 사태만큼 세계가 크게 한 번 요동쳤다.

팬데믹과 함께 생겨난 가장 큰 변화는 국가가 다시 돌아왔다는 사실일 것이다. 국가와 함께 국경이 돌아왔고, 국경 넘어가는 게 이렇게 큰일인지 새삼 돌아보게 되었다. 입국이나 출국, 국경을 넘어가지 않은 해가 얼마 만인지 잘 기억도 나지 않는다. 그 어느 때보다 외국 뉴스를 많이 보는 한 해였지만, 바다로 둘러싸인 3면을 벗어나지 않은 한 해였다. 그리고 국가에 대해서 다시 한번 생각해보게 되었다.

국가란 무엇인가? 사회 시간에 배웠듯이 공식적인 국가의 기원은 시민들끼리 맺은 일종의 사회계약이다. 홉스^{Thomas Hobbes}는 "만인에 대한 만인의 투쟁"인 야만 시대는 너무 힘드니, 서로가 가진 권리의 일부를 양보해 국가가 탄생하게 된다고 보았다. 가장 표준적인 국가관이다. '시민들의 합의'를 국가라고 해야지, '국가가 국민을 만든다'고 하면 과도한 국가주의 혹은 전체주의 국가관이 된다.

국가를 인정하는 시각 중에서 국가를 가장 작게 보는 것이 로버트 노직Robert Nozick의 최소국가론일 것이다. 깡패들 중에서 가장 센 깡패가 국가이고, 그래서 국민이 거기에 돈을 주고 경비를 맡긴다는 것이다. 경비가 국가 역할의 전부라는 것인데, 세콤 같은 경비 회사 중에서 가장 센 회사가 국가라고 보면 노직의 국가론에 유사해진다.

1990년대 이후의 세계화를 '워싱턴 컨센서스'라는 말로 표현했다. 작은 정부, 세금 감면, 자본 중심의 정치 운용을 이렇게 불렀는데, 금융의 상징인 뉴욕 월가와 정치의 상징인 워싱턴 사이에 어떤 '합의consensus'가 있었다는 이야기다. 이름 붙이기 좋아하는 사람들은 이 일련의 흐름을 '신자유주의'라고 불렀다. 커질 대로 커진 국가를 좀 작게 만들자는 반대 흐름이기도 하고, 소련의 몰락으로 더 이상 냉전을 끌고 갈 필요가 없어진 자본주의가 이제는 하고 싶은 대로 하겠다는 선언 같은 거라고 볼 수도 있다.

세계화가 클라이맥스로 가면서 프랑스 철학자 질 들뢰즈Gilles Deleuze로부터 시작된 '노마디즘nomadism', 즉 유목민적 삶과 사유가 마케팅 세계에서 엄청난 인기를 끌었다. 하다못해 노트북 광고에도 이 철학 개념이 나올 정도였다. 한곳에 정주해서 살아가는 것은 농업 문명의 오래된 잔재나 공업 시대의 집착 같은 것으로 간주되었다. 국제기구에 취직하는 것을 선호하는 문화적 흐름이 생겼고, 교환학생이 되는 것이 필수처럼 여겨졌다.

워싱턴 컨센서스 이후 30년, 국가는 별로 중요하지 않고, 여권만 제대로 갖고 있으면 국경도 큰 의미가 없는 듯 보이는 시대가 왔다. 유럽연합(EU)이 강화되면서 유럽 안에서는 정말로 국경이 의미가 없어졌다. 오죽하면 트럼프가 "미국을 다시 한번 위대하게"라는 캐치프레이즈와 함께 '국가'를 전면에 내세워 대통령에 당선되었겠나. 트럼프는 국가주의를 강화하고, 국경을 강화했다.

국가가 별것 아니고 진짜 중요한 것은 돈이고 자본이라고 생각하던 30년이 지났는데, 코로나와 함께 노마디즘의 흐름이 정지했다. 갑자기 농경 문화로 돌아간 것처럼 많은 사람이 정착형 삶으로 문명사적인 전환을 했다. 정착 정도가 아니라 재택과 격리가 이어진다. 전 세계 TV에서 각국이 느끼는 민감도와 생활상이 고스란히 보도된다. 모두 실내에, 자기 방에 갇혀 있고, 온라인 가동이 가능한 장치들만이 전기와 전파를 통해 이 고립 사이에서 사람들을 이어준다.

그리고 명령은 국가로부터 나온다. 집에 있어야 할지 혹은 식당을 열어도 될지, 국가가 전권을 가지고 결정한다. 문득 어느 나라에 살고 있느냐가 개인의 일상성을 결정하는 순간이 왔다. 영업이 중단된 뉴욕에 살고 있으면 매우 힘들고, 봉쇄된 런던이나 파리에 있으면 더욱 힘들다. 우리의 경우 개인들이 자유를 많이 포기한 대가라고 외국에서는 놀리지만, 어쨌든 한국에 있으면 그들보다는 일 상생활이 덜 힘들다. 우리나라에서는 사회적 거리두기가 최고 단 계로 격상돼도 외국 주요 도시들의 자가격리보다는 그 강도가 약하 다. 가장 높은 단계에서는 미용실이 문을 닫고, 백화점이 문을 닫는 정도다. 5인 이상 집합 금지가 가장 강도 높은 제한이다.

6편까지 제작된 영화 〈레지던트 이블〉 시리즈에서는 T바이러 스를 개발한 제약회사 엄브렐러 그룹이 모든 것을 결정하고 이끌어 나간다. 국가는 2편에서 원자폭탄과 함께 무의미한 존재가 되고, 주 인공은 총과 칼을 들고 모든 열쇠를 쥔 기업의 본사를 향한다. 영화 〈로보캅〉에서는 더 노골적으로 국가를 대신해서 기업이 경찰력을 장악하고 있는 상황이 기본 설정이다. 무적 히어로인 로보캅을 만 든 것은 국가가 아니라 기업이다.

그러나 현실에서는 세계화와 신자유주의 흐름 속에서 자본에 밀려 무대 뒤 조연으로 멀찌감치 물러섰던 국가가 다시 전면에 나 섰다. 돌연 권능을 회복한 팬데믹 시대의 국가는 냉전 시대의 국가 만큼 많은 것을 명령한다. 규칙과 제도를 만드는 국가의 권한은 팬 데믹 상황에서 냉전 시대를 방불케 할 정도로 강화되었다. 아마 로 버트 노직이 새로 책을 썼으면 국가는 경비회사가 아니라 가장 유 능한 방역회사라고 했을 것 같다. 팬데믹 국면에서 그래도 가장 믿 을 만한 방역회사는 동원력 있는 국가가 아니겠는가? 자본주의 초기에 제국주의를 운용하면서 모두가 국가의 눈치만 봤던 것처

럼, 팬데믹 국면에서 다시 한번 모두가 국가의 눈치만 보는 시기가
왔다.

2. 경제권력의 강화

박근혜 경제정책을 상징하는 단어는 '줄푸세'였다. 세금과 국가 규모는 '줄'이고, 규제는 '풀'고, 법치는 '세'운다, 이런 모토를 요약한 것이다. 아마 코로나 국면에서 대통령 선거가 진행되었다면 박근혜도 전혀 다른 방식의 선거공약을 제시했을 것 같다.

　방역이 강화되면서 국가도 같이 강화되고, 그 한편에서 사람들의 일상과 관련해 제일 먼저 떠오른 문제가 개인의 자유와 경제 문제일 것이다. 개인의 자유를 담보하고 격리를 거치는 동안 전 세계적으로 "바이러스에 죽기보다 굶어 죽는 게 먼저다"라는 이야기들이 터져 나오기 시작했다. 국가가 격리를 지시했으면 그에 따른 보상이 필요하다는 데 누구나 공감하지만, 누구에게 얼마나 줄지에 대해서 합의에 이르기는 어렵다. 거래자들 사이의 수요와 공급에 의해서 가격 '합의'가 이루어지는 시장과는 분명히 합의의 방식이

다르다.

경제학의 여러 학파 중에서 한국에 가장 덜 소개된 학파 중 하나가 제도학파다. 경제는 약속된 것 혹은 관습적인 것 등 무수히 많은 제도에 의해서 움직이며, 시장 역시 수많은 제도 중 하나라는 것이다. 팬데믹 국면에서 누구에게 보상하고 얼마를 지원할 것인가, 이에 합의한다는 것은 전례가 없고, 아직 만들어진 적 없는 새로운 제도를 만드는 과정이다. 우리나라의 팬데믹 보상에서 가장 크게 충돌한 것은 보편 지급과 선별 지급 문제다. 두 방식은 장단점이 비교적 뚜렷한 편이다.

보편 지급은 신속성이 강점이다. 지원할 사람과 그렇지 않은 사람을 선별하는 데 필요한 행정 비용이 최소화되고, 누구는 주고 누구는 안 주었다느니 하는 사회적 논란 역시 최소화된다. 일종의 소비진작 수단으로, 신속하게 경기를 활성화하는 데는 분명히 도움이 된다. 빠르고 정확하다. 제일 큰 단점은 수혜 대상 업종이 제한적이라는 점이다. 보편 지급을 통해 골목 상권 같은 경우는 도움을 받지만, 해외여행과 관련한 업종은 해당 사항이 없고, 띄어 앉기 등 거리두기를 하는 극장과 같은 공연 분야도 역시 거의 영향을 받지 않는다.

선별 지급은 제도적 맹점이 비교적 명확하다. 누구에게 혜택을 줄지, 선별 기준을 정하기 어렵다. 모든 국민의 소득과 재산을 놓고 길고 복잡한 행정 과정이 진행된다. 집행에 시간이 오래 걸리고 행정적 파열음도 크다. 또 다른 현실적인 문제점도 있다. 피해가 집중된 자영업자들에게 들어가는 지원금은 대부분 임대료로 지급될 텐데, 건물주의 수가 제한적인 데다가 이들의 소비 역시 제한적일 터여서, 지원된 금액이 경기 활성화에 미치는 효과가 제한적이라는 점이다.

두 방식의 장단점이 명확하고, 어느 한쪽이 다른 쪽에 비해서 절대적인 우수성을 보장할 수 없다. 의견이 갈릴 수밖에 없는데, 두 의견의 대립이 워낙 팽팽하다. 지금까지 몇 차례에 걸친 지원금 포함 추가경정예산(추경) 심사에서 매번 이 논쟁이 가장 격렬했고, 앞으로도 그럴 것 같다. 결국은 선택의 문제다. 민주주의 절차를 따르면 더 많은 사람이 원하는 방식으로 가게 된다.

이 논의 과정에서 두드러진 특징은, 원래도 한국에서는 경제권력이 강한데, 팬데믹 상황에서 더욱 강해졌다는 사실이다. 추경 심사에서 격렬한 논쟁을 거쳐서 비록 최적은 아니더라도 나름대로 합리적인 사회적 선택을 내린 것 같지만, 이 과정을 전체로 보면 되풀이된 논쟁이 과연 사회에 무슨 기여를 했나 의심하지 않을 수 없다. 궁극적으로 경제권력이 모든 정부자금에 대한 결정권을 쥐고 있기 때문이다.

경제정책은 많은 경우 결국에는 '총액'과 '메커니즘'이라는 두 요소로 구분된다. 총액이 얼마를 투입할지에 관한 문제라면, 메커니즘은 어떻게 투입할지에 관한 문제다. 즉 메커니즘은 돈을 어디에 쓸지, 돈을 직접 주는 보조금 방식으로 할지, 빌려주는 융자 방식으로 할지 등 방법론에 관한 문제다. 얼마를 어떻게 쓸 것인가, 이 두 가지가 사회적 결정 사항이다. 보통 추경 예산을 잡을 때는 먼저 수요를 추정하고, 그다음에 매커니즘, 즉 어떻게 쓸 것인지를 설계한 뒤, 추경 총액을 계산한다. 그 총액을 사회적으로 받아들일지 말지 결정하는 최종 권한은 국회에 있다.

그런데 지난 1년 동안 진행된 경제정책을 잠시 돌아보자. 경제부총리를 축으로 하는 한국의 경제권력은 코로나 국면에서 매커니즘이 아니라 추경 총액을 먼저 결정한다. 이후 이 돈을 어떻게 쓸 것인가 하는, 매커니즘에 대한 사회적 논의가 시작된다. 자기가 원하는 방식의 결론이 나오지 않으면, 경제권력은 이 논의 과정에도 직접 개입한다. 도박으로 치면, 하우스에서 자금 총액도 정하고 직접 선수로도 뛰는 경우와 같다. 코로나 국면이라는 시급한 상황이어서 다들 기본을 잠시 까먹은 듯, 정책 결정이 그렇게 후다닥 진행되었다. 그렇게 해서 생겨난 결과는? OECD 국가 중에서 한국이 가장 적은 팬데믹 보상이 이루어진 국가가 되었다.

표2-1을 보자. 2020년 12월 말 기준으로 팬데믹 대응에 가장 많은 돈을 쓴 나라는 일본이다. 일본은 GDP 대비 44퍼센트를 썼고, 독일은 38.9퍼센트, 영국은 32.4퍼센트를 썼다. 한국은 주요 국가들 중에서는 가장 적은 13.6퍼센트를 지출했다. 한국은 팬데믹 예산의 규모도 적지만, 정책자금 융자 형식으로 돈을 빌려주는 '유동

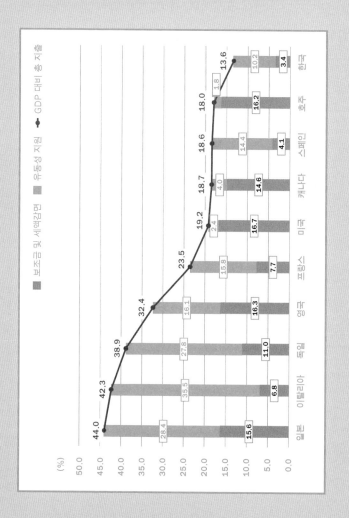

표2-1 　코로나 대응 지출방식별 GDP 대비 비중

코로나 대응 지출방식별 GDP 대비 비중

(%)

	일본	이탈리아	독일	영국	프랑스	미국	캐나다	스페인	호주	한국
GDP 대비 총지출	44.0	42.3	38.9	32.4	23.5	19.2	18.7	18.6	18.0	13.6
유동성 지원	28.4	35.5	27.8	16.1	15.8	2.4	4.0	14.4	1.8	10.2
보조금 및 세제감면	15.6	6.8	11.0	16.3	7.7	16.7	14.6	4.1	16.2	3.4

■ 보조금 및 세제감면　■ 유동성 지원　● GDP 대비 총지출

출처: IMF(2020년 12월 말 기준); 정다연, 나라살림연구소, "IMF '국가별 코로나19 재정조치' 데이터베이스 분석",
　　　《나라살림》 138호(2020년 2월 2일) 재인용.

성 지원'이 10.2퍼센트로 상당액을 차지하고, 보조금이나 세액 감면 같은 '재정 정책'을 통해 국민이 직접 돈을 받는 경우는 GDP 대비 3.4퍼센트밖에 안 된다. GDP 대비 18퍼센트를 사용한 호주는 재정 정책을 통해 16.2퍼센트, 유동성 지원을 통해 1.8퍼센트를 지출한 경우로, 한국과는 정반대 유형이다. 재정 정책 기준으로 독일은 우리나라의 3배가 넘는 지출을 했다. 일본과 영국, 미국은 우리나라의 5배에 가까운 돈을 재정 정책으로 사용했다.

좀 아껴서 사용하고 절제하자는 말에는 나도 100퍼센트 동의한다. 그렇지만 보상이 일본의 5분의 1 수준에 불과한 것은 좀 심하지 않은가? 일본은 자민당이 단독 집권하고, 보수 중의 보수가 통치하는 나라다. 그에 비해 복지를 정책 기조로 하는 대한민국 민주당 정권의 대응치고는 총액이 너무 약소하다.

왜 이런 일이 벌어졌을까? 지난 1년 동안 우리는 경제권력이 짜놓은 틀 안에서 메커니즘만 놓고 논의했지, 애초에 총액의 타당성에 대한 논의는 제대로 해보지도 못했다. 상당히 기형적인 일이다. 한국은 경제권력이 너무 강하고, 팬데믹을 거치면서 더 강해졌기 때문이 아닐까? 일본에서는 메이지유신 이래로 너무 비대해진 '큰 곳간'인 대장성大蔵省을 고이즈미 준이치로小泉純一郎 총리가 2001년에 전격 해체하면서 관료들의 지나친 경제권력을 견제한 바 있다. 반면 한국은 MB가 기존의 경제부처에 총리실 산하 기획예산처를 합치면서 오히려 경제권력이 비대해졌다. 재정 사업은 물론 예산과 공기업 평가 및 관리까지 전부 관할하도록 역할을 몰아주었다. 그렇게 탄생한 기획재정부가 이제 뉴딜 등 새로운 미래 사업까지 관할하게 되었다. 팬데믹의 위기를 거치면서 우리가 보게 된 것은 한국의 경제권력이 정부부처 간 견제는 고사하고 국회 등 정치권력도 제어할 수 없을 정도로 너무나 막강해졌다는 것이다.

어쨌든 국민은 죽어나더라도 예산을 줄여서 살림을 잘한 것은 인정해줘야 하는 거 아닌가? 그런데 그렇게 줄어든 돈으로 공항이나 도로 건설 등 기존에 해오던 토건사업을 잔뜩 늘리고, 경제권력이 마음에 드는 사업에 '미래'라는 이름을 붙여서 아무 견제 없이 지출하는 걸 보면서 나도 생각이 조금 바뀌었다. 그렇게 돈을 펑펑 쓰려면 사람에 먼저 쓰는 게 낫지 않을까? 경제부처가 국제 신용도 하락을 명분으로 삼아 팬데믹 같은 비상시기에 확대재정을 반대하는 것은 좀 과한 협박조라고 생각한다.

긴급재난지원금 지급 대상을 놓고 자영업자 지원 문제로 총리와 경제권력이 부딪친 적이 있다. "여기가 기재부의 나라냐?" 총리가 이 말을 하고 1주일이 채 지나지 않아서 한국이 기재부의 나라임이 증명되었다. 제대로 된 자영업자 보상은 다음번 팬데믹에 한다는 것이 경제권력이 제시한 합의안이다. 자영업자 보상에 관한 제도 개선은 하겠지만 소급은 하지 않는 걸로 경제권력과 국회를 비롯한 한국의 고위 권력들이 결국 합의를 보았다.

어떻게 해야 하는가? 경제권력에 대한 최소한의 견제장치라도 확보해야 한다. 일본은 대장성을 해체하면서 총리실과 산업부 등으로 그 기능을 분산하는 방식을 선택했는데, 그런 과정을 통해서 일본이 '잃어버린 20년'을 탈출하는 전기를 만든 것이 사실이다. 고이즈미는 우리의 우정사업본부에 해당하는 우정국을 민영화할 정도로 큰 개혁을 하면서 대장성을 해체했다. 그 정도의 힘을 가진 정치인이 한국에서 나오기는 당분간 어려울 것 같다.

작은 폭의 변화라면 MB 이전으로 돌아가는 것이다. 경제 분야와 예산 분야를 분리해서 과거와 같이 예산은 총리실 산하의 기획예산처에서 담당하게 하는 것을 생각할 수 있다. MB 이전 혹은 노무현 시절 경제 운용 시스템으로 복귀하는 것인데, 이 정도는 우리도 할 수 있을 것이다. 지금의 비대해진 경제권력은 불합리한 제도에서 나온 것이다. 시장을 이기기는 어려워도 제도는 고치면 된다.

3. 로컬의 전면화

한국 자본주의는 '서울자본주의'라는 표현을 써도 이상하지 않을 정도로 서울과 그 연장인 수도권에 많은 것이 집중되어 있다. 좋은 것은 서울로 오고, 싫은 것은 서울에서 먼 곳으로 간다. 대표적으로 원자력발전소가 그렇다. 또 서울의 식수로 공급되는 한강은 상수원 보호구역으로 철저하게 관리되는데, 같은 상수원이라도 낙동강을 비롯한 다른 강들은 관리체계가 허술하다.

공업화된 북부 이탈리아와 농업지대인 남부 이탈리아 사이의 경제적 불평등을 다루기 위해서 '내부 식민지' 개념이 사용된 적이 있는데, 한국 자본주의도 지역불균형으로 이해하기에는 그 정도가 너무 지나치다. 오죽하면 서울이 수도라는 것이 관습 헌법이라는 기이한 헌법재판소 판결이 다 나왔겠는가?

서울에 너무 많은 것이 집중되다보니까 우리는 역시 기이할 정도로 중앙정부가 커져버린 중앙형 시스템을 갖게 되었다. 스위스를 비롯해 여러 유럽 국가는 물론 미국도 지역 중심으로 자본주의를 운용하는데, 우리는 이런 전통이 매우 약하다. 지역 자치의 가치를 표현하는 '풀뿌리 민주주의'는 21세기 자본주의의 특징 중 하나인데, 우리에게 풀뿌리 민주주의는 별로 세련되지 않아 보이는 '촌스러운' '지방' 이야기로 무시되는 경향이 있다.

코로나 상황에서 '로컬', 즉 광역지자체와 기초지자체가 전면에 나서게 된 것은 필연적이다. 중앙이 결정하고 지방이 따라가는 한국으로서는 익숙하지 않은 일이기는 하다. 코로나 유행 초기에 전 세계 대부분의 중앙정부가 우왕좌왕했다. 그 순간 어떤 의미로든 로컬, 즉 지방정부들이 전면에 나섰고, 세계는 지방정부를 주시하지 않을 수 없었다.

강도 높은 격리를 시작한 쿠오모 뉴욕 주지사는 특히 코로나 대응에 대한 트럼프와의 견해 차이로 일약 세계적 스타가 되었다. 코로나로 곤경에 처한, 세계에서 가장 부유한 도시 중 하나인 뉴욕의 상황이 매일매일 쿠오모의 입을 통해 전 세계로 전달되었다. 확진자 수가 좀 줄어들자 트럼프는 조속히 봉쇄 조치를 풀기를 원했지만, 쿠오모는 좀 더 확실하고 안전한 증거가 나오기 전에는 풀지 못하겠다고 버텼다. 신경전이 오갔다. 뉴욕 주지사와 미국 대통령 사이의 이 신경전은 주로 백인 중산층이 참여한, 봉쇄 해제를 요구하는 자동차 집회로 커졌다.

고이케 유리코小池百合子 일본 도쿄 도지사도 코로나와 함께 주목받은 지자체장이다. 그가 환경부 장관 출신이고, 최초의 여성 도쿄 도지사이고, 코로나 한가운데에서 재선 레이스를 펼쳤다는 것, 코로나 사태 아니었으면 몰랐을 듯싶다. 아베 신조安倍晋三 내각이 코로나에 대해 좀 더 여유를 부렸던 것과 달리, 고이케 유리코 도쿄 도지사는 격리 수준을 높일 것을 주문했다. 일본이 팬데믹에 어떻게 대응할 것인가? 결국 많은 것이 도쿄 도지사에 의해 좌우되었다. 고이케 유리코는 도쿄 도지사 재선에 성공했고, 아베 총리는 건강상의 이유를 들어 결국 물러났다.

한국도 예외는 아니다. 평소에 대구 시장이 누군지 알고 사는 사람이 얼마나 있겠나? 신천지교회 집단감염 사태가 벌어지면서, 대구가 어떻게 대응하는지를 모두가 숨죽여 지켜보았다. 또 전주시의 코로나 초기 대응은 많은 지자체가 참고할 만했다. 좋은 의미든 나쁜 의미든, 로컬의 대응이 주요 참고사항으로 부각되었다. 그전에는 로컬에서 실제로 누가 어떤 정책을 펴고, 얼마나 능력이 있는지가 별반 사람들의 관심을 끌지 못했다. 누가 어느 당에 속해 있는지, 중앙정치의 연장선에서 각자 정치적 유불리를 따지는 경향이 더 강했다. 심지어 정당과는 전혀 상관없이 치러지는 교육감 선거도 마찬가지였다. 지금은 누가 더 코로나에 대처를 잘하고, 더 효율적인 정책을 제시하는가가 중요해졌다. 사실 당연한 얘기다.

중산층이 모여 사는 미국 5대호 주변 도시들을 중심으로 시장의 정치 성향을 살펴본 적이 있다. 민주당이냐 공화당이냐 하는 지역의 정치 성향과 단체장의 정치 성향이 일관성이 별로 없어 보여서 분석에 애를 먹었다. 그 지역 사정을 알 만한 사람들에게 물어봤더니, 시카고 등 5대호 지역은 눈이 워낙 많이 와서 겨울에 눈 잘 치우는 사람들이 재선에 성공한다고 했다. 폭설이 왔는데 눈 잘 못 치워서 사고 나면 재선이 어려워진단다. 비슷한 이야기를 역시 눈이 많이 오는 일본 홋카이도 지역에 대한 연구를 하면서 들은 적이 있다.

눈 치우는 게 민주주의보다 중요하다는 말인가? 그렇게 움직이는 게 선진국이다. 인구 1,000만 명도 안 되는 스위스가 연방으로 나뉘어 각자 자치를 하는 것이 우리로서는 이해가 가지 않는다. 그렇지만 그런 방향으로 가는 게 맞고, 결국에는 더 효율적이라는 것을 20세기 경제가 보여주었다. 지역 자치가 아주 약한데도 경제를 이 정도 덩치까지 끌고 올 수 있었던 한국이 특이한 경우다.

방역의 기본 방향은 중앙정부가 결정하더라도 실제로 방역 작업이 이루어지는 현장은 로컬이다. 경제도 마찬가지다. 경제의 기본 방향은 중앙정부가 결정해도 경제활동이 이루어지는 실제 현장은 로컬이다. 우리가 그런 것들을 오랫동안 생각하지 않았거나, 지역의 일이라고 무시해온 것인지도 모른다.

2020년 5월부터 8월 사이에 지급된 1차 재난지원금은 소득과 상관없이 보편 지급되었다. 중앙정부에서 지급했고, 지자체별로는 지급한 곳도 있고 지급하지 않은 곳도 있다. 특히 광역자치단체 경기도의 경우는 산하 기초자치단체별로 금액이 상당히 차이가 났다. 포천은 1인당 40만 원을 지급했고, 4인 가족 기준으로는 160만 원이 지급되었다. 안성은 25만 원, 화성·연천은 25만 원, 김포·이천·동두천은 20만 원을 지급했다. 고양과 부천은 5만 원이 지급되었다. 인천, 충남, 대전은 광역·기초자치단체 모두 아예 지급하지 않았다. 가장 많이 받은 포천의 4인 가구는 정부 지원금을 합쳐서 287.1만 원을 받았는데, 중앙정부 지원금만 받은 인천 등은 100만 원을 받았다. 형평성에 문제가 있다고 지적하는 언론들이 있었다. 그렇지만 지방자치의 본래 취지가 이렇게 지자체끼리도 경쟁을 하라는 것이고, 그렇게 각자 더 살기 좋은 지역을 만들어가자는 것이다.

잠시 우리의 지방선거 역사를 살펴보자. 지방의회의원 선거만 하다가 지방자치단체장까지 선거로 뽑게 된 것은 1960년 4·19혁명의 결과였다. 그런데 바로 다음 해에 5·16 군사쿠데타가 일어나고, 박정희가 지방의회를 해산시켜버렸다. 박정희는 지방자치의 전면적 시행을 조국 통일 이후로 연기시켰다. 그러다가 1987년 6월항쟁과 함께 9차 개정헌법을 만들면서 헌법상으로 지방자치제가 부활했다. 그렇지만 실제로 지방자치제도가 움직인 것은 1990년 DJ의 13일에 걸친 단식의 결과였고, 그렇게 해서 1995년 지방자치단체장 선거가 처음으로 치러지게 되었다.

민선 단체장 역사가 벌써 25년이다. 이제는 지방자치가 자리 잡을 때가 된 것 같은데, 여전히 한국 자본주의와 지방자치는 별 상관 없이 움직이는 듯하다. 팬데믹으로 인해 좋아지는 일은 별로 없는데, 로컬의 부상은 드물게 긍정적인 방향의 변화다. 그러나 과연 정말로 지역이 더 살기 좋아지고 더 발전하게 될까? 불행히도 팬데믹의 경제적 효과는 한국의 경우, 서울자본주의를 더 강화하고 지방을 더욱 어렵게 하는 방향으로 가게 될 가능성이 크다. 이 문제에 대해서는 책의 후반부에서 다시 다룰 것이다.

시장이 강화되고 기업의 권력이 커지던 흐름이 팬데믹과 함께 종료된다. 국가가 돌아오고, 경제권력이 커지고, 로컬이 전면에 나서게 된다. 당연히 공공성 담론이 커지겠지만, 실제로 복지가 늘어날지는 아직은 모른다. 2차 세계대전이 끝나고 다시 국가를 만들어야 했던 영국을 비롯한 유럽 국가들은 '요람에서 무덤까지' 국가가 태어난 모든 사람을 돌보겠다는 감미로운 약속을 했다. 우리도 그렇게 될까? 국가든 로컬이든, 조직이 커지면 부작용도 같이 늘어난다.

4. 팬데믹, 다른 유형의 재난과 무엇이 다른가

우리가 일상에서 상상할 수 있는 가장 큰 재앙은 지진이다. 우리의 경우는 일본처럼 지진의 빈도나 강도가 높지 않아서 지진에 대한 신화나 예술 같은 게 별로 없다. 일본은 땅속 깊은 곳 메기의 신이 움직여서 지진이 발생한다고 생각해서 메기 그림이 일종의 장르를 형성할 정도로 다양하다. 때때로 메기 그림에 하늘에서 떨어지는 동전이 같이 그려져 있는 경우가 있다. 위기가 오면 지방정부나 토호들이 결국에는 시중에 돈을 풀기 때문에 어쨌든 가난한 사람들에게는 기회가 되기도 한다. 지진으로 무너진 도로와 집들을 다시 정비하다보면 일종의 재개발이 이루어지고, 단기적으로는 경기부양과 고용 효과도 있었을 것이다.

인류를 위협하는 재난으로서 지진과 팬데믹의 차이는 범위와 함께 지속기간의 차이라고 할 수 있다. 지진은 특정 지역에서 발생한다. 여진이 몇 달간 계속되는 일도 있지만 팬데믹처럼 오래가지는 않는다. 태풍이나 허리케인 등 굵고 짧게 발생하는 재난과 달리, 팬데믹은 그 지속성에서 다른 재난과 비교될 성질의 것이 아니다. 기후변화나 오존층 파괴와 같이 지구 환경의 변화 자체가 원인인 재난을 제외하면, 충격이 가장 오래가는 재난이 팬데믹이다. 중세를 완전히 붕괴시킨 흑사병은 400년 가까이 유럽 전역을 떠돌았다. 가깝게는 1918년의 스페인독감이 2년간 지속되었고, 1968년에 WHO에 의해 1호 팬데믹으로 선언된 홍콩독감도 2년간 지속되었다. 2호 팬데믹인 신종플루는 2009년에 발생해 1년쯤 후에 어느 정도 잡혔다.

단일한 재난사고로 가장 충격이 컸던 것은 1783년 아이슬란드 리키화산 폭발이라고 할 수 있다. 8개월 동안 분출된 화산재는 이산화황을 발생시켰다. 당시 분출된 이산화황이 2006년 유럽 전역의 공업지대에서 배출한 이산화황의 3배 정도 된다는 추정이 있다.* 이것이 프랑스 전역에 이상기온을 유발했다. 역사에 기록된 유사한 재난으로, 1788년 프랑스에 주먹만 한 우박이 떨어졌다. 그리고 누적된 기근과 빈곤으로 1789년 프랑스혁명이 발발한다. 세계 역사가 변했다.

---

*   "How an Icelandic volcano helped spark the French Revolution", *The Guardian*, 17 Apr 2010.

재난은 크고 작은 경제위기와 사회 변화를 만들어낸다. 그 중 가장 유명한 것은 자본주의가 경험한 가장 큰 경제위기인 대공황Great Depression을 격발시킨 1926년의 '그레이트 마이애미 허리케인'일 것이다. 미국의 역대 허리케인 피해 지역으로 2005년 카트리나가 강타한 남동부 전역, 1900년 텍사스주 갤버스턴, 그리고 1926년 플로리다주 마이애미가 꼽힌다. 마이애미 허리케인은 최고 풍속 240km/h에 달했다.

1926년 플로리다에는 집 투기 붐이 일었는데, 특히 마이애미 해변 등 플로리다의 해안가에 별장을 지어 파는 것이 유행이었다. 물론 정상적인 투자였으면 피해가 덜했겠지만, 수익성이 워낙 좋다고 하니 대개 공사는 대출로 진행되었다. 그런데 허리케인이 공사 중이거나 아직 분양이 안 된 바닷가의 별장들을 휩쓸고 갔다. 이에 따른 충격이 누적되어 3년 후 1929년 10월 월가의 붕괴를 초래했다. 공식적으로는 이 시점이 세계적 파시즘과 2차 세계대전을 유발한 대공황의 시작이다.

물론 마이애미 허리케인 하나 때문에 대공황이라는 거대한 경제적 사건이 벌어진 것은 아니지만, 마이애미 허리케인이 대공황의 결정적 계기가 되었던 것은 맞는다. 대공황은 시작은 있지만, 1939년에 터진 2차 세계대전과 그 기간이 겹치기 때문에 종료 시점이 없다. 길게 놓고 보면 마이애미 허리케인의 충격이 그렇게까지 클 것이라고 생각한 사람은 없었을 것이다.

"빨리 끝나면 좋겠어요." 코로나가 유행하고 나서 사람들이 가장 많이 하는 말이 아닐까 싶다. 그냥 많이 하는 정도가 아니라 "다음에 봐요"라는 인사말을 대신할 정도로 이 말을 자주 사용하는 것 같다. 그렇지만 바이러스가 일단 팬데믹 수준이 되면, 좋든 싫든 사회 구조 변화를 동반한 큰 변화를 남긴다.

역사적으로 본다면, 코로나바이러스는 중세를 무너뜨리고 자본주의라는 전혀 새로운 세상을 촉발한 흑사병에 비견될 정도는 아니다. 자본주의 등장 이후 가장 큰 경제적 충격인 대공황을 촉발한 1916년 마이애미 허리케인과 비견될 정도도 아니다. 가끔 코로나 경제위기를 대공황과 비교하는 사람들이 있는데, 온 세계가 전쟁을 치른 그때와 비교하기는 좀 어려울 듯하다.

그러나 한국만으로 좁혀서 본다면, 코로나바이러스는 한국에 영향을 미친 그 어떤 재난보다도 길고 두꺼운 꼬리를 남기게 될 것이다. IMF 경제위기는 짧은 시간에 충격이 집중되어 한국 경제사에 강렬한 흔적을 남긴 바 있다. 한국 경제가 처음으로 경험한 전격적인 충격이었던 IMF 경제위기보다는 코로나의 충격이 덜할 수 있다. 그렇지만 정권이 바뀌며 여당과 야당이 교체되는 수준의 변화보다는 코로나의 충격이 더 클 것이다.

5. 오일쇼크와 팬데믹 그리고 인플레이션

과거의 경제위기 패턴 중에서 코로나 경제위기와 제일 유사한 패턴을 보이는 것은 1973년과 1977년, 두 차례에 걸친 석유파동이 아닐까? 사건의 지속기간 측면에서 그렇고 대규모로 가격이 상승하는 인플레이션 국면도 그렇다. 그리고 환경과 자연에 대한 패러다임의 변화가 생겼다는 점에서도 유사하다.

1973년 10월, 이집트와 시리아가 이스라엘에 빼앗긴 영토를 되찾기 위해서 기습 공격을 시작한다. 유대 달력으로 새해 열 번째 날인 '욤 키푸르'는 유대인들이 금식하며 하느님께 죄를 회개하는 연중 가장 큰 명절이다. 이날을 기해 4차 중동전쟁이 시작됐고, 중동의 산유국들은 석유 수출을 금지했다. 이것이 1차 오일쇼크다. 2차 오일쇼크는 호메이니Ayatollah Ruhollah Khomeini가 팔라비 2세Moḥammad Rezā Shāh Pahlavī를 밀어낸 1979년 이란 혁명으로부터 시작한다. 고립주의를 선택한 이란이 석유 수입을 금지하고, 그 연쇄반응으로 러시아도 아프가니스탄을 침공하게 된다.

두 차례에 걸친 오일쇼크로 1945년 전후 약 30년간 지속되었던 '영광의 30년'이 끝난다. 역사적으로 노동자들에게 상대적으로 가장 좋은 시기가 이 30년이 아니었을까 싶다. 이 시대는 잘사는 사람과 못사는 사람의 격차가 인류사에서 가장 적어서 위아래가 밀착되었다는 의미의 '대압축Gret Compression' 시대로 표현되기도 했다. 존 갤브레이스John Galbraith가 쓴 《풍요한 사회The Affluent Society》(1958년)가 펼쳐진 시기가 바로 이때다. 영국에서는 노동당 집권기에 실업급여 등 사회복지 체계가 강화되었다. 1966년에는 종전에 6개월이었던 실업급여 기간이 12개월로 연장되었다. 공업지대인 리버풀에서 비틀스 멤버들이 만난 것은 1959년으로 알려져 있는데, 실업급여가 자리를 잡으면서 영국에서 밴드 전성시대가 열린다. 여러 명이 마음을 합해야 움직이는 밴드가 만들어지는 데는 그들을 둘러싼 사회경제적 조건이 복합적으로 작동하게 된다. 영화 〈디어헌터〉(1978년)는 베트남전의 충격적 이면을 보여준 반전 영화인데, 이 영화를 본 많은 사람이 영화 속 제철소 노동자들이 휴가 중 세단을 타고 라이플 총으로 사슴 사냥을 즐겼다는 사실에 더 놀랐다.

두 차례에 걸친 석유파동으로 노동자 전성기는 쇠락하고, 풍요의 시기도 마감하게 된다. 복지국가가 전 세계적으로 가장 아름답게 빛났던 시기가 종료된 것이다. 영국과 미국에서는 1980년에 시장의 전성기가 시작되고, 국가가 개입하는 경제정책을 도입한 케인스 John Maynard Keynes 와는 정반대의 사상들이 전면에 나온다. 경제적으로 가장 큰 의미는 저금리 시대가 끝나고 인플레이션의 시대가 도래했다는 점일 것이다. 인플레이션은 상품에 비해 돈이 더 많아서 상품 가치가 상승하는 현상을 의미하는데, 인플레이션이 오면 상품 가격이 올라서 물가가 오르게 된다. 석유값 상승과 함께 원자재 가격이 상승하고, 결국 달러 가치에 위기가 온다. 장기간의 인플레이션 그리고 그에 따라 이자율이 오른 것이 오일쇼크가 만든 가장 큰 변화가 아닐까?

표2-2는 장기 이자율을 볼 때 주로 살펴보게 되는 10년 만기 미국 국채의 이자율이다. 10년짜리 미국 국채는 다른 유가증권과 달리 파산 등 지급이 불가능할 가능성이 거의 없는 데다가 미국 시장의 상황을 어느 정도 반영하기 때문에 참고자료로 많이 이용된다. 1980년에 11.46퍼센트였고, 1981년에는 13.91퍼센트로 최고점을 찍는다. 그야말로 인플레이션의 시대가 만개한 것이다. 참고로 우리나라 주택담보대출의 이자율이 2.5~3.5퍼센트다. 만약 지금 우리나라에서 이자율이 10퍼센트를 넘어간다면, 매달 은행에 내는 대출 이자가 3배 정도로 뛰게 되는 셈이다. 사방에서 난리 난다. 실제로 시장 이자율이 10퍼센트를 넘어가는 시점부터 미국 경제정책의 주안점은 인플레이션과의 싸움이었다. 2008년 글로벌 금융위기가 와서 중앙은행이 시중에 돈을 뿌리는 양적완화 quantitative easing 시

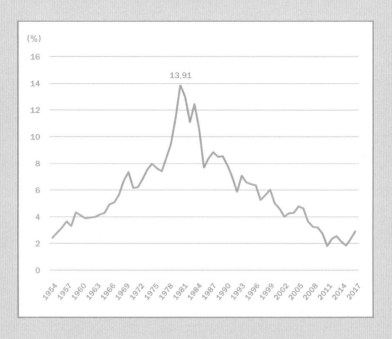

출처: OECD country data

대에 금리가 사실상 제로가 될 때까지, 미국 장기 이자율은 추세적으로 계속해서 떨어진다.

국가에 따라서 2년 혹은 3년간 팬데믹 충격을 길게 경험한 상황에서 세계적으로 맞게 될 새로운 경제적 변화는 아마도 인플레이션 시대의 복귀일 것이다. 양적완화는 중앙은행이 국채 등 금융자산을 직접 매입해 시중에 바로 돈을 뿌리는 방식으로 이루어진다. 돈을 뿌리기는 하는데, 주로 은행이나 금융기관 등 돈을 가진 상층부에 뿌린다. 금융권과 대기업 위주로 정책 자금이 집행되니까 일반인들이 직접 정책 자금의 혜택을 받지는 않는다. 개인들의 소비가 늘어나지는 않으므로 물가가 올라가지는 않는다. 그렇지만 팬데믹의 경우는 재정 정책을 통해서 정부가 개인들에게 직접 돈을 준다. 이렇게 밑으로 전달된 돈은 상품 가격을 높인다. 장기적으로 인플레이션을 걱정해야 하는 시기로 돌입하게 되는 것이다.

코로나 이후에 인플레이션 국면으로 들어가게 될 가능성이 매우 높은데, 석유파동 이후로 길게 이어진 인플레이션 경제가 돌아오게 되는 셈이다. 달러의 가치가 급변하면, 금과 같은 안전자산의 가치도 급변하고, 석유·텅스텐·구리 같은 국제 자원의 가격도 급등락을 거듭하게 된다. 길게 보면 제로 금리 이후로 상승세에 있던 미국의 이자율이 계속 올라가게 될 것이다. 우리나라의 경우는? 최근 한국 기준금리가 미국 기준금리와 기계적으로 연동해서 움직이지는 않지만, 그렇다고 허용 범위 이상으로 완전히 따로 움직일 수 있는 것은 아니다. 저금리 시대가 종료하고 고금리 시대로 전환되는 상황이 우리에게도 꽤 많은 영향을 줄 것이다. 누적된 개인부채 등 가계부채 문제와 아파트 가격 상승 등 작지 않은 충격이 장기화될 것으로 예상된다.

1970년대 오일쇼크의 또 다른 특징은 자원, 특히 에너지의 희소성에 대해서 인류가 집단적으로 자각한 순간이라는 점이다. 도넬라 메도스 등 젊은 연구진이 환경 문제에 관한 미래예측 보고서인 '로마클럽 보고서'를 발표한 것인 1972년이다. 경제발전에 의해 석유 등 자원을 사용하는 속도를 MIT 슈퍼컴퓨터를 이용해 시뮬레이션했더니, 결국에는 자원 공급이 그 속도를 못 따라가게 된다는 결과가 나왔다. 그런 생각은 그전에도 있었는데, 슈퍼컴퓨터의 시뮬레이션 결과로 직접 확인하고 나니 사람들이 충격을 받았다. 오일쇼크를 염두에 두고 보고서를 낸 건 아니었는데, 보고서의 파장과 함께 마침 석유 가격이 급등하자 인류는 바짝 긴장했다. 재생가능 에너지에 대한 연구가 폭발적으로 증가했고, 풍력과 태양광 등 지금 대안으로 제시되는 많은 에너지원에 대한 기술적 틀이 그 시절 어느 정도 형성되었다.

코로나 계열의 바이러스는 인간보다 먼저 존재했는데, 21세기 들어 문제를 일으킨 것은 결국은 인간 활동의 결과다. 기후변화와 팬데믹을 연결해 생각하는 것은 이런 이유인데, 팽창 위주의 자본주의 경제에 속도 조절을 하거나 기술적 대안을 찾아야 한다는 사회적 분위기가 조성된다는 점이 석유파동과 팬데믹의 공통점이다. 팬데믹이 끝나도 과거로 돌아가기 어렵다는 이야기가 그래서 나온다.

6. 재난자본주의 1:
원격 진료, 기회의 틈새

'맨스플레인'이라는 용어로 유명한 《남자들은 자꾸 나를 가르치려 든다 *Men Explain Things To Me*》(2014년)의 저자 리베카 솔닛 Rebecca Solnit은 2005년 미국 남부를 덮친 허리케인 카트리나 사례를 《이 폐허를 응시하라 *A Paradise Built in Hell*》(2010년)에서 다룬다. 재난 이후 사람들이 고립을 피하고자 형성한 일시적인 공동체의 이상적 모습에 관한 이야기다. 멕시코 대지진에서 뉴올리언스의 카트리나까지, 재난 상황에서 사람들은 스스로 돕는 일종의 임시 공동체를 만들곤 한다. 1995년 고베 대지진 때 물과 음식 등 긴급 구호용품을 제공한 고베 생협은 전설이 되었다.

위기가 생기면 시민들이 직접 나서서 서로 돕고, 전국에서 아니 세계 각지에서 성금과 구호물품이 모인다. 정부는 긴급구호를 약속하고, 새로운 재난 방지 프로그램을 만든다. 미디어에서는 '위기가 곧 기회'라고, 이번 일로 전체적인 시스템이 정비되어 다음에 같은 재난이 발생하면 좀 더 잘 대처할 것이라는 전망을 보여준다.

《슈퍼 브랜드의 불편한 진실 *No Logo*》(1999년)로 세계적인 스타가 된 캐나다 작가 나오미 클라인Naomi Klein은 2005년 9월 둘째 주, 허리케인 카트리나가 휩쓸고 간 뉴올리언스에 도착해 운전을 하다가 추돌 사고를 겪는다. 큰 부상은 아니었지만 고급스러운 병원에서 치료를 받으며 아주 친절한 특별 대우에 놀란다. 재난 현장은 아비규환인데, 이 병원은 도대체 어떻게 이렇게 차분하고 멀쩡하지? 그는 허리케인 카트리나를 보면서 리베카 솔닛과는 전혀 다른 현장에 주목해 《쇼크 독트린 *The Shock Doctrine*》을 썼다.

분명 카트리나는 비극이었다. 그러나 프리드먼주의, 즉 신자유주의의 본산인 헤리티지재단에서는 그런 각성이 전혀 없었다. 밀턴 프리드먼Milton Friedman이 〈월스트리트 저널〉 사설에서 밝혔듯 "그것은 또한 기회이기도 하다"고 보았다. 제방이 무너지고 열나흘이 지난 2005년 9월 13일, 헤리티지재단은 이념적 동지들과 공화당 당원들의 모임을 주최했다. 나오미 클라인이 《쇼크 독트린》에 썼듯 "수해 지역 전체를 낮은 세금을 내는 자유기업지대로 만든다", "전 지역을 경제적 경쟁력 강화지대로 만든다"는 것이 주요 내용으로, 전면적인 세금 인센티브와 각종 규제 폐지를 골자로 했다.*

---

* 나오미 클라인, 《쇼크 독트린》, 김소희 옮김(살림Biz, 2008).

자연 재난을 비롯해 경제위기나 사회위기가 발생하면 모두가 힘을 합쳐서 전화위복의 계기로 삼는다, 이런 생각은 심성 고운(!) 사람들 마음속에만 존재하는지도 모른다. 자본주의는 재난을 장사의 기회로 삼고, 경제 엘리트들은 재난을 숙원 사업을 추진하는 계기로 삼는 경우가 많다.

그러니까 재앙 같은 사건이 벌어진 후 공공부문에 치밀한 기습 공격을 가한 것이다. 재난을 멋진 기회로 여기는 풍조도 섞여 있었다. 나는 이러한 모습을 '재난자본주의disaster capitalism'라고 부를 것이다.*

재난급 경제위기인 IMF를 계기로 한국에서는 IMF가 그렇게 강력하게 요구하지도 않은 신자유주의의 전면화가 진행되었다. 그런 분위기 속에서 포항제철이 매각되었다. 그 흐름의 연장선에서 비정규직 고용을 법적으로 무제한에 가깝게 보장해주는 법률이 생겨났다. 2008년 세계 최대 투자은행인 리먼브라더스 파산이 불을 붙인 글로벌 금융위기는 촛불집회 때 포기한다고 했던 한반도 대운하를 4대강의 형태로 되살아나게 하는 계기가 되었다. 리먼브라더스 파산과 4대강이 무슨 연관이 있을까 싶지만, 어쨌든 공식적으로

* 같은 책.

는 경제위기 극복과 청년실업 해소가 4대강 사업의 명분이었다.

코로나와 관련해 1호 재난자본주의라고 부를 수 있는 것은 원격 진료, 비대면 진료 등 몇 가지 이름을 가진 좀 특수한 의료 정책이다. 영리병원 허용 이슈 등 의료선진화와 관련된 몇 가지 정책에 최순실이 관여한 것이 2016년 촛불집회의 도화선 중 하나였고, 박근혜 대통령은 결국 탄핵되었다. 그 시절에 추진되던 의료선진화는 낙후된 지역의 공공부문에서 시범사업으로 진행하는 정도로 하고, 비대면 진료와 같은 급격한 영리화 정책은 당분간 진행하지 않기로 사회적으로 결론이 난 사안이었다.

코로나 1차 유행 기간에 병원에 내원하기 어려운 환자들을 위해 전화 진료를 임시로 시행했다. 물론 효율적이고 좋은 일이다. 그런데 이 기회의 틈새로 영리병원과 의료관광을 추진하던 인사들, IT업계가 막 밀고 들어왔다. 원래는 환자에게 담당 주치의를 배정해 포괄적으로 진료를 받게 하는 주치의 시범사업이 진행될 참이었는데, 이것이 코로나 사태로 인해 정지했다. 그 대신 원격 진료가 '당장 시행'을 목표로 무섭게 밀고 들어왔다.

원격 진료, 비대면 진료 등 여러 용어가 국내에서 사용되고 있는데, WHO에서는 전부 텔레메디신tele-medicine, 즉 원격 의료라고 부른다. 나는 모든 진료가 꼭 의사가 환자를 직접 보면서 이루어져야 한다고 생각하지는 않는다. 고혈압을 비롯한 많은 성인병 진료가 병원으로서는 돈을 많이 벌게 해주는 일종의 '캐시 카우'지만, 환자로서는 꼭 병원을 방문해서 진료를 받을 필요가 없다. 모든 질환에 대해 내원해서 진료를 받는 것이 병원의 미래라고 생각하지는 않는다. 그렇지만 그러려면 여러 가지 제도와 장치가 필요한데, 팬데믹을 계기로 경제관료로 구성된 경제권력이 박근혜 시절에 추진되던 이른바 '의료선진화' 정책을 다시 맨 앞으로 끌고 왔다. 공교롭게도 그 시절에 의료민영화 등 원격 진료를 총괄해서 추진하던 책임자가 현 정부에서 경제부총리가 되었다. 이 경제권력이 추진하는 것이 무엇인가?

지역거점병원이라고 부르는 병원들이 있다. 대구 계명대 동산병원과 대구의료원이 1차 유행 때 코로나 전문병원으로 상당한 활약을 했다. 서울아산병원, 삼성서울병원, 서울대병원, 연세대 세브란스병원, 서울성모병원을 가리키는 서울의 '빅 파이브' 병원 외에도 지역거점병원들이 아직 버티고 있는 것은 일종의 지리적 제약때문이다. 한두 번 가고 끝낼 진료면 KTX를 이용해서 서울의 큰 병원으로 간다. 그러나 통원 치료가 장기화되면 거리 문제가 보통이아니어서 지역거점병원을 이용하게 마련이다. 서울과 지역거점병원의 양극화 말고도, 지역 내에서 몇 개의 병원만 살아남는 독점 문제를 해결할 방법도 찾기는 찾아야 한다. 그래서 나온 정책 중 하나가 주치의 제도였다.

비대면 진료는 은행에 계좌를 개설하는 것과 같다. 처음 은행의 어느 지점에 찾아가 계좌를 만들면, 그다음에는 그 지점에 다시

갈 필요가 없다. 마찬가지로 비대면 진료가 자리를 잡으면 환자는 첫 진료를 어디서 받을까만 선택하면 된다. 그다음부터는 진료가 비대면으로 진행된다. 그렇게 되면 우선 지역거점병원들이 타격을 받게 된다. 서울의 빅 파이브 병원으로 환자들이 몰리고, 지역 내에서도 인기 있는 병원 몇 군데로 몰린다. 지역 병원들로서는 지리적으로 자연스럽게 발생했던 독점 요소가 사라지는 셈이다. 문을 닫는 병원이 속출할 것이다. 단기적으로 보면 환자들이 편해지는 것 같지만, 장기적으로는 지역 내 병원이 줄어들어 오히려 불편해질 가능성이 높다.

대구 계명대 동산병원이 코로나 전문병원으로 많은 기여를 했는데, 이런 곳이 비대면 진료로 인해 1차적으로 타격을 받게 된다는 것은 좀 놀라운 일이다. 그런데도 행정부는 비대면 진료 정책을 코로나 극복에 기여한 의료계에 주는 선물로 포장했다. 이전에 비대면 진료를 시급하게 추진하지 않기로 사회적 합의의 가닥이 잡힌 것은, 주치의 제도 등 지역거점병원 체계를 무너뜨리지 않는 안전장치를 마련해야 다음 단계로 나아갈 수 있기 때문이었다.

2020년 봄 '코로나 뉴딜' 정책 추진을 발표할 당시에는 비대면 진료를 간판 사업으로 추진하려고 했는데, 7월 3차 추경에서 '한국형 뉴딜'이 국회를 통과할 때에는 많이 축소되었다. 사회적 논의가 활발하게 이루어져 그렇게 된 것은 아니고, 그 시기에 여당 당대표였던 이해찬이 반대했기 때문이라고 알고 있다. IT업계와 영리병원 추진자들의 숙원이던 원격 진료는 '비대면 진료'로 이름을 바꾸었다가, 이해찬의 반대에 부딪히자 '스마트 병원'으로 다시 한번 이름을 바꾸었다. 순서로만 보면 원격 진료는 우리나라 코로나 국면에서 벌어진 1호 재난자본주의라고 할 수 있다. 경제권력이 원래 하고 싶던 일인데, 팬데믹이라는 재난이 벌어지자 제일 먼저 "이거 다시 합시다" 하고 들고 온 일이다. 공교롭게도 마침 청와대에서 국정운영 전체를 조율하는 국정상황실장이 의사 출신이다.

7. 재난자본주의 2 : 수소 경제, 네가 왜 거기서 나와?

니콜라 테슬라^{Nikola Tesla}가 가난한 말년을 보내다가 뉴욕의 한 호텔에서 쓸쓸하게 사망했다는 사실을 뒤늦게 알았다. 에디슨^{Thomas Edison}이 고안한 송전 방식은 직류 시스템이었는데, 장거리 송전에 기술적 취약점이 있었다. 에디슨의 조수로 일하던 테슬라는 교류 시스템이 더 효율적이라고 생각했다. 결국 두 사람은 직류와 교류를 놓고 거대한 전기 전쟁을 벌였고, 교류가 이겼다. 그 결과 20세기에 전기 문명이 열렸다. 그런데 전쟁의 승자인 테슬라가 가난하고 쓸쓸한 말년을 보냈다니, 충격적이었다.

'네트워크 효과^{network effect}'는 전기의 직류와 교류, 비디오테이프의 베타 방식과 VHS 방식 등 표준을 어떻게 설정할 것인가 하는 질문이 있을 때 생각해봐야 할 문제다. 기술적으로 더 좋은 게 나와도 이미 설치된 네트워크 때문에 새로운 기술이 자리 잡기 어려운 경우가 발생한다. CD나 블루레이가 나오기 전 비디오테이프가 통용되던 당시, 영상을 기록하고 재생할 때 소니가 개발한 베타 방식이 더 우수했지만, 이미 나머지 회사들이 모두 VHS 방식을 선택한 터라 소니는 눈물을 머금고 베타 방식을 포기했다. 또 애플의 매킨토시 컴퓨터를 쓸 것인가, 아니면 IBM 컴퓨터를 쓸 것인가, 컴퓨터를 사는 사람들은 아직도 고민하게 된다. 예쁘기는 매킨토시가 예쁘지만, 혼자만 매킨토시를 쓰면 다른 사람들과 같이 작업하기가 어렵다. 애플과 IBM 사이에서 시작된 네트워크 전쟁은 애플의 아이폰과 구글 안드로이드폰의 대립으로 이어져 여전히 청소년들이 첫 스마트폰을 살 때 갈등하게 한다.

자동차는 연료가 필요하고, 연료를 공급하는 주유소라는 네트워크가 필요하다. 전기차와 수소차도 마찬가지다. 다만 전기를 공급할 것인가, 아니면 수소를 공급해 자동차 엔진에서 연료전지를 통해 전기를 생산할 것인가 하는 차이가 있다. 전기차와 수소차는 전형적으로 네트워크 경쟁이 발생하는 두 상품이다. 어떤 선택을 하느냐에 따라 네트워크가 달라진다. 전기차 충전소를 만들 것인가, 수소 충전소를 만들 것인가.

2003년 아들 부시George W. Bush가 미국 대통령으로 당선되면서 수소차 개발을 전격 선언했다. 부통령인 딕 체니Dick Cheney가 위원장을 맡은 에너지위원회에서 원전 강화를 모색하면서 수소차를 지향하는 정책을 결정했다. 딕 체니의 힘이 전 세계를 움직이던 시절이

노무현 대통령이 정몽구 현대자동차 회장의 안내로 연료전지 자동차에 탑승했다.＊

었다. 곧 BMW를 비롯한 많은 자동차회사들이 수소차 연구를 시
작했다. 그런 분위기 속에서 2005년 4월 일산 킨텍스에서 열린 서
울 모터쇼에 노무현 대통령이 방문했고, 정몽구 현대자동차 회장이
수소 엔진을 탑재한 투싼 차량에서 영접했다. 한국의 수소차 정책
은 이날을 기점으로 정부 정책이 되었다. 그러나 이후 오바마Barack
Obama가 등장해 '그린 칼라 이코노미green collar economy'라는 환경 공약

＊　"盧정부 잘못하면 'GM 위기'가 '현대차 위기' 된다", 〈프레시안〉, 2005년 11월 18
　　일자.

을 내걸어 부시의 재선을 꺾었다. 당연히 원전을 전제로 했던 부시의 수소차 정책은 폐기되었고, 미국이 정책을 선회하자 나머지 국가들도 방향을 틀었다.

유럽은 전기차로 방향을 선회했다. 전기차 충전소가 늘어나면 주유소가 줄어들게 될지도 모른다. 폭스바겐 등 대부분의 유럽 상용차 회사들은 거대한 수소 충전소 네트워크를 만들 엄두가 나지 않았다. 수소차 정책에서 방향을 못 튼 두 나라가 일본과 한국이다. 현대와 닛산이 여전히 자기들만의 리그에서 경쟁 중이다.

현시점에서 유럽의 수소 정책은 우리나라보다 훨씬 복잡하다. 유럽에서는 태양광과 풍력 같은 재생에너지 발전소들이 늘어난 덕분에 태양광 발전이 이루어지는 낮 시간에는 전기가 남아돈다. 현재의 배터리 기술로는 이 남는 전기를 다 담아내기가 어렵다. 그래서 남아도는 전기로 수소를 발생시켜, 제철 분야에서 사용되는 환원용 석탄 계열 물질을 대체하는 데 쓴다. 쉽게 말하면 제철 분야에서 석탄의 탄소 대신 수소를 이용하는 것인데, 이것이 이른바 '그린 수소' 혹은 '청정 수소'로 불리며 산업 분야 온실가스 대책에서 장기 발전 목표가 되었다. 에너지 효율성 측면에서는 말이 안 되는 기술이지만, 태양광과 풍력의 남아도는 잉여 전기를 활용하는 방안으로 유럽에서는 공격적으로 연구되고 있다.

우리나라의 경우는 좀 다르다. 우리는 아직 재생가능 에너지가 남아도는 수준은 아니라서, 수소를 주로 메탄가스가 주성분인 천연

가스에서 추출한다. 대략 수소 1톤을 만드는 과정에서 이산화탄소 11톤이 부수적으로 나온다. 이 수소는 만들어지는 과정에서 온실가스가 많이 발생하므로 '회색 수소'라고 부른다. 미국에서 자동차를 수소차로 전환하기 어려운 것도 수소 충전소 문제 때문만은 아닌 것이다. 수소차로 전환할 경우 이산화탄소가 대량으로 나와서는 온실가스를 줄이기 어렵다.

조 바이든이 대통령으로 당선되면서 미국에서 수소차가 다시 전면화될 것이라고 예상하는 사람들이 한국에서 목소리를 높이고 있다. 그렇지만 오바마가 폐기한 부시의 정책을, 오바마의 계승자인 바이든이 받아들일 거라는 것은 근거 없는 장밋빛 전망이다. 우리보다 국토가 넓고 사막도 존재하는 미국이지만, 수소 충전소 네트워크는 지역 주민의 반대에 부딪힐 가능성이 높다. 무엇보다도 현재로서는 전기차의 발전 속도가 너무 빠르고, 배터리 분야의 발전 속도는 더 빠르다. 현재 수소차가 전기차에 대해서 갖는 유일한 장점이 충전시간인데, 점점 더 고밀도 건전지가 등장하고, 대량의 배터리를 차량 하부에 탑재할 수 있도록 설계하는 전기차 전용 플랫폼이 개발되면서 전기차 충전시간이 매우 빠르게 줄어드는 중이다. 게다가 장기적으로는 무선충전 기술을 발전시켜 고속도로에서 자동차에 바로 무선충전을 하는 방식도 연구 중이다.

석탄이나 휘발유 같은 연료나 전기와 달리, 수소는 그 자체로 에너지를 갖고 있는 게 아니라 이미 만들어진 에너지를 잠시 보관하는 에너지 저장장치다. 전기가 있으면 전기를 수소로 전환하지 않고 바로 쓰는 것이 당연히 더 효율적이다. 그래서 민간 자동차 회사는 보다 효율적인 전기자동차를 만드는 데 전력을 기울이는데, 일본의 닛산과 한국의 현대는 여전히 수소차에 더 많은 투자를 한다.

정부가 코로나 2차 추가경정예산을 만들면서 '그린 뉴딜'이라는 이름의 온실가스 대책이 전격 등장하게 되었다. 이 과정에서 '수소융합얼라이언스추진단'이라는, 좀 복잡한 이름의 정책 로비집단이 등장한다. 수소계의 헤리티지재단 정도로 볼 수 있는데, 이름은 정부기관 같지만 정부기관은 아니다. 반은 민간이고 반은 관료집단으로, 수소 경제로 1차 이익을 보는 자동차회사와 가스 관련 회사들이 참여하고, 퇴직 공무원들도 같이한다. 온실가스 관련된 그린 뉴딜 정책을 진행하기로 하고 해당 정책에 포함시킬 범위와 우선순위가 아직 확정되지 않은 몇 주 동안에 이들이 맹활약했다.

코로나와 함께 위기에 빠진 경제를 위해서 국가가 재정을 늘리는 것은 당연하다. 그러나 그 틈에 수소융합얼라이언스추진단 같은 로비집단이 나서서 정책 우선순위와 함께 재정지출의 우선순위를 막 바꾸는 것은 이상하다. 한 번 이상하게 엇나가기 시작한 것은 계속 이상하게 엇나간다. MB가 자원외교 한다고 아주 이상한 일들을 벌여서 일이 계속 이상하게 돌아갔다. 수소 경제도 같은 길을 걸어가고 있다. 국내에서 수소를 생산해서 수익 구조를 만들기가 쉽지 않다. 결국에는 외국에서 상당량의 수소를 사 와야 한다. 호주나 러시아 같은 나라와의 '수소 외교'가 코로나 국면을 맞아 진지하게 진행되는 중이다. 이게 방역과 무슨 상관이 있고, 기후변화 대응과 무슨 상관이 있는가?

방역과 함께 국가의 권위와 권능이 극대치로 올라갔다. 그리고 경제계획에 대한 권한도 임시로 국가에 집중되었다. 그들이 뭘 할까? 허리케인 카트리나가 휩쓸고 간 뉴올리언스에 해리티지재단 인사들이 규제를 없앤 경제특구를 만들자고 한 것이나, 코로나로 생겨난 진공 상태에서 수소 경제를 코로나 극복을 위한 1순위 정책으로 올려놓은 것이나, 재난자본주의라는 관점에서는 크게 다르지 않다.

나는 연구개발 차원의 수소 연구에 반대하지 않고, 산업계 등에 부분적인 수소 활용이 필요하다고 생각하는 편이다. 그렇지만 수소 경제가 코로나 대응에서 가장 중요한 경제 대책이라는 데는 찬성하지 않는다. '선도 국가'라는, 외교적인 측면에서는 거의 사용하지 않는 이상한 용어를 국내용으로 사용하면서 생겨난 '제2의 황우석 사태' 같은 것이다. 전형적인 재난자본주의다.

8. 세 종류 바이러스의 동시 유행 그리고 방역국가

경제학은 초기에 정치경제학이라고 불렸다. 국가가 어떻게 할 것인가, 이게 사실상 경제학에서 하는 이야기의 궁극적 결론이었다. 19세기 후반부터 시장이라는 개념이 등장한 이후에는 습관적으로 시장과 국가를 대척점에 두고 이해했다. 시장에 맡길 것인가, 아니면 국가가 개입할 것인가. 이것이 경제학의 큰 질문이었다. 시장을 강조하면 우파, 국가를 강조하면 좌파, 이런 식으로 간단히 구분되었다. 크게 보면 이런 시각도 냉전 시대의 산물이다. 국가가 계획경제를 통해서 많은 것을 결정하는 사회주의에 대한 자본주의의 우위를 보여주려다보니 이런 흐름이 생겼다. 국가가 쓸데없는 간섭만 하지 않으면 파라다이스가 될 것이라고 생각하는 사람들이 많았다. 그러나 팬데믹은 그런 흐름을 일순간에 바꾸었다.

2020년 겨울, 한국에서는 세 종류의 바이러스가 동시에 창궐

했다. 사람들이 코로나바이러스로 고통받는 동안, 중국에서 야생 멧돼지를 통해 점점 남하하고 있는 아프리카돼지열병으로 돼지농장들이 방역 초비상 상태를 유지해야 했다. 겨울철에 주기적으로 발생하는 조류독감도 비상 상황이었다. '철저한 방역'이라고 쉽게 표현하지만, 생태계 전체에 대한 방역은 가능하지도 않고, 성립하기도 어려운 개념이다.

바이러스 입장에서 보면 인간의 역사라는 것은 아무것도 아니다. 코로나바이러스가 최초로 등장한 시점은 1억 년도 더 전으로 추정된다. 코로나바이러스로서는 자신들이 늘 해온 방식으로 생존하고, 진화하고, 적응하는 과정을 반복할 뿐이다. 이번에는 숙주가 조류나 박쥐가 아니라 인간일 뿐이다. 팬데믹에 대한 분석에서 다수가 간과하는 특징이 이 주기성이다. 사스, 신종플루, 메르스 등 바이러스형 호흡기 질환들이 발생하는 주기가 점점 짧아지고, 전염력도 점점 강해지고 있다. 코로나 계열의 바이러스들뿐만 아니라 독감 바이러스들도 점점 강해지는 중이며, 열대 밀림 어디에서든 새로운 에볼라 계열의 바이러스가 튀어나올 수 있다.

우리는 바이러스 없는 세상으로 다시 돌아가지 못한다. 팬데믹이 아무리 강력하다고 해도 일회성이라면 방역국가라는 개념이 장기적으로 성립하기는 어렵다. 그렇지만 팬데믹이 주기성을 갖는다면, 방역에 좀 더 적합하게 국가의 운용 방식이 바뀔 뿐만 아니라 국가 정책의 강도도 더 세게 마련이다.

2020년 크리스마스 직후, 영국에서 변이 코로나가 발생했다. 유럽은 즉각 영국 국경을 봉쇄했고, 프랑스는 항공편뿐 아니라 도로와 철도를 포함한 모든 이동편을 금지했다. 영국과 유럽을 잇는 도버항 인근 도로에는 화물트럭 수천 대가 오도 가도 못하고 정차하게 되었다. 언론에서는 영국이 브렉시트 신고식을 호되게 치렀다고 표현하기도 했다. 당장 영국에서는 식료품을 비롯한 생필품 수급이 문제가 되었다. 팬데믹과 함께 생겨난 가장 큰 변화는 국가가 다시 돌아왔다는 사실일 것이다. 국가와 함께 국경이 돌아왔고, 국경 넘어가는 게 이렇게 큰일인지 새삼 돌아보게 되었다.

중국은 과도한 음식폐기물 문제를 해소하려 점점 강화된 법령과 캠페인을 추진해왔다. 그런데 코로나 이후 2021년을 맞이하면서는 매우 강화된 음식물 정량 먹기 정책을 전개하고 있다. 반식품 낭비법을 새로 추진하면서 '먹방' 금지를 포함시켜서 많은 사람을 충격에 빠뜨렸다. 벌금도 1,700만 원 수준이라 적지 않다. 지방정부에 푸드뱅크를 만드는 것도 이 법안에 포함되었다. 중국이 그만큼 식량파동을 큰 문제로 보고 있다는 의미다. 팬데믹 이후로 경제적 수혜자가 된 듯 보이는 중국도 식량 수급을 걱정하는 상황이니, 많은 국가에서 농업정책 같은 식량정책을 정책 순위에서 우선순위로 재조정할 것이다. 식량이 부족하면 바깥에서 사 오던 기존의 흐름이 방역국가의 등장과 함께 변화할 조짐이 보인다.

국가는 방역이라는 새로운 존재 이유를 찾았다. 방역산업으로 분류할 수 있는 분야들 그리고 농업의 일부가 방역국가 경제의 기본 계획 안에 포함될 것이다. 장기적으로 마스크, 호흡기 등 방역 관련 필수 물자들을 인하우스in-house 방식으로 생산하려는 국가가 늘어날 것이다. 따져보면 우리도 지난 몇 년 동안 겨울마다 모두를 긴장시켰던 미세먼지가 아니었다면, 마스크를 국내에서 생산하지 않고 진작 중국으로 생산기지를 옮겼을 가능성이 높다.

일정 수준 이상의 국가들은 백신도 자체 개발하기 위해 노력할 것이다. 러시아와 중국도 백신을 자체 개발했다. 백신은 제약회사들이 수익성을 맞추기 상당히 어려운 분야다. 그래도 국가 기간산업 같은 것으로 지정하고 대학 혹은 국책연구소에서 개발하도록 하는 흐름이 점점 강화될 것이다.

전쟁과 함께 국가가 주기적으로 강화된 것처럼, 팬데믹도 국가의 권능을 강화한다. 누가 가게를 열 수 있고, 어떤 형태로 열 수 있는가. 국가가 시장을 일시 정지시킬 수 있을 정도로 강한 권한을 갖는다. 국가가 강해지면 국가라는 기구 자체가 가진 내부 문제도 같이 강해진다. 제도와 약속 같은 것들이 국가에 의해 자의적으로 해석되고, 팬데믹이라는 시급한 상황 속에서 국가의 투명성이 약해진다. 이를 완화하는 것이 전통적으로는 시민사회의 강화와 지방정부인 로컬의 강화다. 한국에서는 어떤가? 시민사회는 비대면 국면에서 점점 약해져가고, 로컬은 아직 중앙정부 눈치 보느라 바쁘다.

WHO가 팬데믹을 선언한 2020년 3월 11일, 우리는 그 이전으

로 돌아가지 못한다. 좋든 싫든, 팬데믹이 만들어낼 새로운 질서로

들어가게 될 것이다.

3

팬데믹
그리고
학교와
교육의 변화

1. 돌봄과 대학, 두 개의 포컬 포인트

흔히 정상 가정이라고 부르는 3인 혹은 4인 가정에서 교육은 핵심 주제다. 오랫동안 그랬다. 그렇지만 결혼했어도 아이를 낳지 않기로 마음먹은 사람들, 혹은 결혼하지 않기로 마음먹은 사람들에게 교육은 관심이 가지 않는 주제다. 솔직하게 말하면 관심이 가지 않는 정도가 아니라 짜증을 유발하는 주제다. 나는 《솔로 계급의 경제학》(2016년)에서 비혼 혹은 싱글족 문제를 다루면서 한국인들이 두 블록으로 나뉠 것이라고 전망한 적이 있다. 팬데믹 국면에서 사람들을 다시 만나 이야기해보니 이 현상이 더욱 심화되어 있었다. 교육에 전혀 관심 없거나 짜증을 내는 사람들과 오로지 교육에만 관심이 있는 두 계층이 극단적으로 나뉘어 있는 것을 뼈저리게 느꼈다. 팬데믹은 일시적으로 학교를 정지시켰고, 우리가 평소 경험하지 못한 특수한 상황을 만들었다. 교육을 둘러싼 변화를 이야기하지 않고서는 팬데믹 상황의 한국적 특수성을 이해하기 어려울 것 같다.

한국 교육을 일상적인 경제시스템을 분석하듯이 위에서 들여다보면 두 개의 점이 나온다. 하나는 돌봄이고, 다른 하나는 고등교육으로 분류되는 대학이다. 영유아부터 시작되는 돌봄은 초등학교 저학년까지 교육의 중요한 축으로 작동하고, 그 후로는 최종 단계인 대학에 맞춰서 교육이 설계된다. 교육부나 교육청 등 교육 당국이 각각의 단계에서 교육 목표를 어떻게 설정하느냐와 상관없이, 한국 교육은 그렇게 두 개의 점을 일종의 포컬 포인트^{focal point}, 즉 초점으로 삼아서 작동한다.

법적으로는 학원으로 분류되는 영어유치원에 자녀를 보내는 선택은, 두 번째 포컬 포인트인 대학에 맞춰 5세 때부터 자녀의 삶을 디자인하는 경우다. 학교에 입학하기 전까지 어린이집에 보내는 선택은, 첫 번째 포컬 포인트인 돌봄에 집중하는 경우다. 유치원은 두 선택의 절충안이다.

이 두 개의 포컬 포인트가 교차하는 지점이 대략 중학교 2학년 정도다. 두 번째 포컬 포인트인 대학에 맞춰서 특수목적고등학교(특목고)를 선택하는 학생과 그렇지 않은 학생들이 같은 반에서 수업하는 거의 마지막 기간이 중학교 2~3학년이다. 그 분리를 아예 초등학교 때 하자는 것이 국제중학교 논의였다. 이건 사회적으로 과도하다는 선택이 이미 내려진 상태다.

한국에서 팬데믹은 교육에서 이 두 개의 포컬 포인트를 더욱 극명하게 드러내며 강화한다. 결론부터 이야기하면, 팬데믹 국면에서 첫 번째 포컬 포인트인 돌봄은 멈추지 않지만, 두 번째 포컬 포인트인 대학은 멈춘다. 다만 대학 입시는 멈추지 않는다.

팬데믹 기간에 어린이집과 초등학교가 문을 닫은 일은 학교나 인근에서 확진자가 발생해 긴급 폐쇄하게 된 경우 아니면 없다. 어린이집이나 초등학교는 '긴급 돌봄' 형태로 줄곧 운영되었다. 우리나라는 공장 문을 닫은 적이 없고, 국경을 닫은 적도 없다. 끊임없이 움직여야 하는 공장이 정상적으로 작동하려면 노동자의 자녀들에 대한 돌봄을 중단할 수도 없다. 돌봄은 한국 자본주의가 양보할 수 없는 지점이다.

두 번째 포컬 포인트인 대학은 멈춰 세울 수 있다. 수업 진행은 한시적이라는 단서 아래 원격 수업으로 전환할 수 있다. 예체능같이 실기수업이 있는 경우는 원격 수업을 진행하는 것이 문제가 되지만, 팬데믹이라는 긴급 상황에서 별다른 대안은 없다. 다만, 대학은 멈추더라도 대학 입학 과정은 멈추지 않는다. 기술적으로는 대학 입학 과정도 세울 수 있지만, 그렇게 되면 대입에 맞춰 자녀의 삶을 설계한 시스템이 모두 멈춘다. 대학 교육은 중단해도 대학 입학은 중단할 수 없는 한국 자본주의의 특수한 약점을 2020년 대학 입시가 보여주었다.

팬데믹과 관련된 데이터들은 바이러스의 습격이 지나간 후에

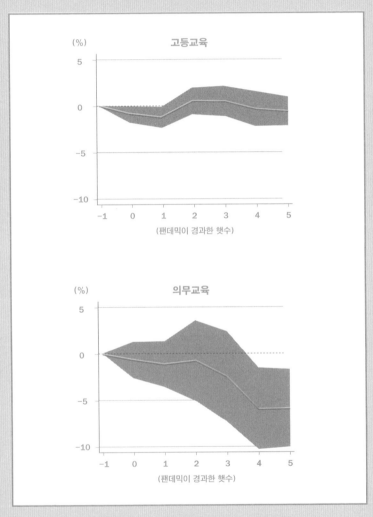

출처: Davide Furceri, Prakash Loungani, Jonathan D. Ostry, Pietro Pizzuto,
    "COVID-19 will raise inequality if past pandemics are a guide", *CEPR* (08 May 2020).

노동시장에서 대학 졸업장이 매우 중요하다는 것을 보여준다. 표 3-1을 보자. 2020년 IMF 연구진은 〈과거 팬데믹을 참고하면 코로나19는 불평등을 높일 것이다COVID-19 will raise inequality if past pandemics are a guide〉라는 제목의 논문을 발표했다. 2003년 사스, 2009년 신종플루, 2012년 메르스, 2014년 에볼라 그리고 2016년 지카바이러스 사태 때 발생한 변화를 국제노동기구 자료를 통해서 추적했다.

교육과 관련된 내용만 요약하면, 고등교육을 받은 노동자들의 고용은 팬데믹이 발생하고 2~3년 후에 모두 회복되었다. 물론 임금 수준은 논외로 한다. 반면 의무교육을 받은 노동자의 고용은 5년이 지났을 때 5퍼센트 이상 감소했다. 팬데믹의 영향 아래에서 학력과 고용시장 사이에 일정한 관계가 있다는 뜻이다. 과거의 호흡기 질환들이 경제에 미치는 영향이 코로나에 비해 매우 제한적이었음을 고려하면, 이 그래프를 기계적으로 코로나의 경우에 적용하기는 어렵다. 코로나의 영향 아래에서는 고학력 노동자의 고용이 3년이 지나도 회복되지 않을 가능성이 높다. 저학력 노동자의 고용 상황은 더 열악할 것이다.

기계적으로 해석하면 고등교육의 가치가 팬데믹과 함께 더욱 높아진다고 볼 수 있다. 그러지 않아도 대학 입시 경쟁이 과열된 한국에서 대입을 향한 열정은 팬데믹 이후에 더욱 강해질 가능성이 높다.

2. 영유아 교육,
돌봄은 멈추지 않는다

우리나라 영유아 보육 체계는 미로다. 전두환 시절에 한 번 복잡해졌고, 박근혜 시절에 또 한 번 복잡해졌다. 이 전체를 일목요연하게 설명하기는 매우 힘들다. 간단히 말하자면 박근혜 이후로 영유아 교육이 무상교육으로 전환했는데, 의무교육은 아니라는 점을 이해할 필요가 있다. 국가가 보육에 필요한 돈은 지원한다. 그렇지만 보육시설에 보내지 않아도 되고, 어느 보육시설을 선택할지도 부모의 재량이다.

대표적인 보육기관으로 어린이집과 유치원이 있다. 과거 우리나라에서 보육시설은 탁아소라고 불렸는데, 1968년 정부 방침으로 '어린이집'이라는 이름을 사용하게 되었고, 1970년부터는 정부가 공식적으로 관리하기 시작했다. 복지 차원에서 시작된 일이라서 보건복지부가 관리한다. 1991년 영유아보육법이 생기면서 지금의 체계로 정착했다.

어린이집과는 별도의 아동교육기관으로 유치원이 존재했는데, 1971년 다섯 개의 공립유치원을 만들면서 유치원도 정부가 관리하기 시작했다. 유치원은 보건복지부가 아니라 교육부에서 관리한다. 전두환 시절 우리나라에 보육시설이 동남아보다 더 부족하다는 데 충격을 받은 영부인 이순자가 유치원 설립을 독려했다. 전두환식 행정으로 적극 추진했다. 최순실도 이런 흐름 속에서 유치원 원장이 되었다.

유치원과 어린이집이라는 두 개의 보육기관에 각각 민간이 있고, 국공립이 있다. 국공립 어린이집과 민간 어린이집, 국공립 유치원과 민간 유치원, 이 네 개의 선택지가 기본이다. 여기에 여성가족부에서 가족친화기업 정책의 일환으로 적극 권장하는 4,300여 개의 직장 어린이집이 있다. 부모의 직장에 어린이집이 있으니까 자녀와 출퇴근을 같이 할 수 있어서 매우 이상적인 곳이다. 이 다섯 가지 보육기관은 박근혜 정권 이후 '통합 누리과정'이라는 이름으로 공통의 표준 교육 프로그램을 진행한다. 팬데믹 상황에서는 정부의 긴급돌봄 서비스 지원 기관에 해당하기 때문에, 긴급돌봄 비용을 정부가 부담한다.

이 다섯 가지 보육기관 중 팬데믹 국면에서 제일 큰 문제가 된 곳이 직장 어린이집이다. 재택근무가 시작되면서 아이를 직장 어린이집에 맡길 수 없게 되었기 때문이다. 그렇다고 당장 지역의 어린이집에 아이를 보낼 수 있는 것도 아니다. 국공립 어린이집은 보통 대기기간이 1~2년이다.

민간 유치원의 경우는 팬데믹 상황에서 경영의 어려움을 느끼는 곳이 많다. 자영업자의 어려움과 크게 다르지 않다. "내년에 유치원을 닫습니다." 2020년 11월, 30년간 운영한 강남의 유명 사립유치원이 학부모에게 보낸 통지문이다.* 비슷한 기간 경기도 군포 지역에서는 4개 유치원이 폐원을 예고했는데, 부모들이 집단 민원을 내서 한창 조정 중이다. 민간 유치원의 폐원을 막기 위해 추가 지원을 하든가, 돌봄을 공공 영역이나 지역 시민 차원에서 수용하기 위한 대비를 하든가, 어느 쪽이든 선택해야 한다.

직장 어린이집이 운영되기 어려운 기간을 고려하고 유치원이 폐원되는 문제를 해소하기 위해서 장기적으로는 국공립 시설을 늘리는 것이 맞지만, 단기적으로는 긴급돌봄 기관들끼리 일종의 통합 네트워크를 형성해서 임시 돌봄반을 편성하는 것이 맞을 것 같다. 팬데믹은 최소한 2021년 11월까지 계속될 것이다. 그것도 백신이 효과적으로 작동했을 때의 희망사항이고, 몇 달 더 길어질 가능성이 있다.

여기까지가 정부가 관리하는 돌봄기관들이고, 그 밖에도 돌봄

---

* "저출산에 한숨, 코로나에 눈물… 동네 소아과-유치원 '더는 못버텨'", 〈동아일보〉, 2020년 11월 11일자.

을 담당하는 기관들이 있다. 육아정책연구소에서 2014년에 영유아 사교육비를 추정한 적이 있다. 2조 7,000억 원 정도 된다. 지금은 더 많아졌을 것이다. 이 비용의 상당수가 학원에 지출된다. 이 학원들도 크게 보면 두 범주로 나눌 수 있다.

첫 번째 범주로는 한 달에 100만 원 정도 하는 영어유치원과 놀이학교를 들 수 있다. 영어'유치원'과 놀이'학교'라는 이름을 달고 있지만, 법적으로는 학원에 속한다. 그래서 기존 어린이집과 유치원에서 진행하는 체육수업 등 각종 정부 지원 프로그램이나 무상교육 정책에서 배제된다. 팬데믹 상황에서 집합금지가 시행되면 이러한 기관들은 정부의 긴급돌봄 서비스 지원 기관에 속하지 않기 때문에 문을 닫아야 한다. 유치원이나 어린이집 대신 영어유치원을 보내던 부모들은 상당히 곤란해졌다. 갑자기 아이들 보낼 데가 없어지자 보육 공백이 발생한다.

두 번째 범주는 태권도장과 특공무술학원, 미술학원 등 어린이집이나 유치원 하원 후 교육 프로그램을 담당하는 예체능계 학원들이다. 국공립 어린이집은 셔틀버스를 운행하지 않는다. 경기도 교육청 등이 행정적으로 셔틀버스 운행을 시도한 적은 있으나, 마을버스 등 민간 버스회사의 반대에 부딪혀 번번이 무산되었다. 그래서 마련한 대책이 셔틀버스를 운영할 수 있는 학원의 도움을 받는 것이다. 부모들은 아이들이 어린이집이나 유치원에서 하원하면 곧장 태권도장이나 미술학원같이 셔틀버스를 운행하는 예체능계 학원에 보내게 된다. 태권도장은 정부 보육 프로그램은 아니지만, 국공립 시설에 대한 보완 역할을 하면서 지역사회의 필수 보육 시설로 자리를 잡게 되었다.

2020년 여름의 코로나 2차 유행 그리고 겨울의 3차 유행에 국공립 어린이집과 예체능계 학원의 불안한 균형이 깨졌다. 긴급돌봄 기능이 있는 어린이집과 유치원 그리고 초등학교는 확진자가 나와서 긴급하게 폐쇄되는 경우를 제외하면 격리 기간에도 계속 문을 열었다. 그렇지만 예체능계 학원은 일반 체육시설 혹은 학원으로 분류되었고, 당연히 집합금지가 시행되었다.

2021년 1월 1일, 한국의 자영업자 중에서는 태권도장 관장들이 처음으로 집합금지에 반대하며 청와대와 국회 등에서 집회를 했다. 그 집회가 나중에 자영업자 중 집합금지 예외를 인정하게 된 '돌봄 기능' 논의의 출발이었다. 어린이집과 유치원과 초등학교 외에도 지역사회에 돌봄 기능을 하는 시설들이 있다는 것을 방역 당국이 인지한 첫 사건이다. 집합금지 대상 자영업 중에서 태권도장이 제일 먼저 9인 이하라는 전제 조건을 달고 열렸다. 그다음부터는 슬픈 코미디의 연속이다. 동네에서 태권도장과 똑같은 방식으로 아동반을 운영하는 특공무술학원이나 합기도장 심지어는 킥복싱장까지 태권도장과 같은 대우를 요구했다. 며칠 후에 이런 곳들도 돌봄 기능을 인정받아서 열리게 되었다. 클라이맥스는 헬스장이다. 헬스장도 돌봄 기능을 중심으로 부분적으로 열 수 있게는 되었는데, 태권도장과 달리 헬스장에는 아동반이 없다. 돌봄 조건을 달고 허가해준 쪽이나, 9인 이하라는 단서를 달고 문을 연 쪽이나 난감하기는 마찬가지다.

돌봄 기능 논란은 국공립 어린이집 등 돌봄 기구와 지역사회의 돌봄 기능을 가진 예체능계 학원에서만 발생한 것은 아니다. 초등학교 역시 돌봄 기능을 중심으로 일시적으로 재편되었다. 처음에는 초등 저학년을 대상으로 하던 긴급돌봄은 결국 6학년까지 확장되었고, 미처 시설을 갖추지 못한 학교들은 지역 돌봄교실을 긴급히 마련하게 되었다. 팬데믹이 아니었다면 벌어지지 않거나, 매우 천천히 벌어졌을 일이다.

한편으로 돌봄교사들의 무기계약직 전환은 팬데믹 국면에서 청년들 사이에 벌어진 가장 큰 집단적 갈등이라고 할 수 있다. 취업준비생들이 형평성을 문제 삼으며 강력하게 항의했다. 학교에서 불안하게 운영하던 돌봄교실 전담 교사를 확보하는 좋은 정책인데, 지방공무원을 준비하던 청년들로서는 불만스러운 일이 아닐 수 없다. 이렇게 쉽게 정규직이 되는 길이 있었단 말이야? 전형적인 한국식 공정 갈등인데, 팬데믹이 장기화되면서 보육 프로그램을 좀 더 안정적으로 운영하기 위해서 어쩔 수 없는 선택으로 보인다.

돌봄을 중심으로 영유아 보육은 물론이고 초등학교 교육까지 팬데믹 국면에서 긴급하게 많은 것이 재편되었고, 재편되어가는 중이다. 팬데믹이 길어지면 공적인 보육 영역은 더욱 커지고, 더욱 안정적으로 바뀌게 될 것이다. 한국 교육의 첫 번째 포컬 포인트인 돌봄은 그동안 대학 입시에 가려져서 전면적인 논의가 부족했다. 팬데믹 국면에서 국민경제가 비상 상황이 되니 방역 당국과 경제권력이 부모들이 일을 할 수 있도록 해주는 보육의 중요성을 시급한 것으로 인식하게 된 셈이다.

한국 교육에 수많은 단계가 있고, 각 단계마다 설정된 나름의 교육 목표가 있다. 그렇지만 한국 교육의 포컬 포인트는 결국 보육이 1번이고, 대학 진학이 2번이다. 제한적으로 학교 문을 연다면 어디를 먼저 열게 될까? 이 두 포컬 포인트를 중심으로 먼저 열린다. 팬데믹 첫해에는 고등학교 3학년생에 한해서만 문을 열었다. 팬데믹에 대한 이해가 어느 정도 생긴 2년 차에는 고3과 함께 초등학교 저학년에게도 문을 열게 되었다. 이 두 포컬 포인트가 가장 핵심이라는 것을 이제는 방역 당국도 이해하게 된 것 아닌가?

3. 중학교 2학년, 분리와 단절

어린이들을 중심으로 하는 보육과 고3을 중심으로 하는 대학 진학, 이렇게 양축으로 구성된 한국 교육은 기형적이다. 그러다보니 중학교 교육은 이래저래 사회적 관심 밖이다. 중학교에서 무슨 일이 벌어지는지, 중학생들이 어떤 어려움을 겪는지 별로 신경 쓰지 않는다. 오죽하면 '중2병'이라는 표현이 생겨나고, "걔들은 원래 그래" 하고 관심 밖으로 밀어버린다. 이런 현실은 코로나 국면에서도 여실히 드러났다.

2019년에 대한민국 성인은 연평균 7.3권의 책을 읽었고, 연간 한 권이라도 책을 읽은 사람은 52.1퍼센트다. 우리나라에서 책을 가장 많이 읽는 연령은 초등학교 4학년이고 연간 87.3권을 읽는다. 이후 독서량이 점점 줄어들어서 고등학생이 되면 8.4권으로, 성인의 독서량과 거의 비슷해진다. 책을 많이 읽는 어린이에서 책을 잘 읽

표3-2 초중고 학년별 종이책 독서량

(단위: 권)

			사례수(명)	전체 응답자 기준 평균 독서량	독서자 기준 평균 독서량
전체			3,126	32.4	35.9
학교급	초등학교		1,005	69.8	73.7
	중학교		985	20.1	22.1
	고등학교		1,136	8.8	10.2
학교급 * 학년	초등학교	4학년	333	87.3	90.0
		5학년	351	71.1	72.9
		6학년	320	50.2	56.5
	중학교	1학년	308	25.0	27.0
		2학년	332	17.3	19.4
		3학년	345	18.3	20.0
	고등학교	1학년	338	8.8	9.9
		2학년	377	9.1	10.7
		3학년	421	8.4	10.1

출처: 문화관광부, 2019년 국민독서실태 조사

지 않는 청소년으로 변하는 변곡점은 중2~중3 시기에 온다. 중2는 17.3권으로, 18.3권을 읽는 중3에 비해 약간 덜 읽는다. 책 이야기를 하려고 이 자료를 가져온 것이 아니다. 많은 사회 지표에서 한국인이 갖는 표준적인 모습에 상당히 접근하는 단계가 바로 중2 어디쯤이라는 사실을 환기하려는 것이다. 남학생들이 여성을 혐오하는 '여혐'도 대체로 이 나이쯤 되면 골격이 잡히는 것 같다. 반대의 경우 여학생들도 마찬가지다.

중학생과 관련된 사회문화 지표를 찾기가 쉽지는 않다. 2018년 교육부의 청소년 자해 성향 설문조사에 의하면, 중학생 중 2017년 한 해 동안 자해 경험이 있는 학생은 8.3퍼센트이고, 고등학생은 5.9퍼센트로 조금 낮아진다. 우리는 흔히 입시 중압감이 심한 고등학생의 스트레스가 더 높을 것이라고 생각하지만, 자해 경험 등 여러 수치로 보면 중학생의 스트레스가 더 높다. '이번 생은 망했어', '이생망' 현상이 최고조에 달하는 시기가 바로 중2~3학년이다.

나는 몇 년 전부터 10대 연구의 대상을 중학생으로 정하고, 조심스럽게 그러나 꾸준히 인터뷰 작업을 진행해왔다. 처음부터 의도한 것은 아니었지만, 특목고 진학을 준비하지 않는 친구들을 주로 만났다. 남학생들은 여학생에 대한 분노가 가득했다. 또 일부러 게임을 즐기는 학생들만 선택한 것도 아니었는데, 한 명도 예외 없이 자신이 게임을 너무 많이 한다고 생각하고 있었다. 비록 크지 않은 규모의 표본이지만, 이들을 몇 년간 지속적으로 관찰해왔는데, 그

중에서 게임을 끊은 학생은 딱 한 명 보았다. 중학교 3학년 2학기에 자신이 원하는 직업을 결정하고 실업계 고등학교로 진학하는 과정에서 게임을 멀리하게 되었다.

코로나 격리와 관련해서 국립정신건강센터에서 제시한 권고안에는 기존 중독의 강화를 경고하는 내용이 들어 있다. 격리와 함께 단절의 시간이 오래가면 뇌 내의 옥시토신 분비가 감소하면서 도파민도 감소하게 되고, 부족해진 도파민을 채우기 위한 보상행위를 찾게 된다. 이 때문에 과거에 중독이 있던 사람들은 중독 증상이 더욱 심해진다. 혼자 술을 마시는 습관은 알코올중독을 불러온다. 고열량 음식 폭식, 과도한 도박, 게임 과몰입, 무절제한 쇼핑 등이 격리 시 제일 많이 발생하는 이상현상인데, 이게 더 심해지면 중독에 빠지면서 코로나 우울증이 시작된다.

원래도 중학교 2학년은 게임 과몰입이 문제되는 시기다. 그나마 학교나 학원에서 이런 현상을 어느 정도 제어해왔다. 그런데 코로나로 원격 수업이 시작된 이후, 중학생들이 컴퓨터 모니터에 창을 여러 개 띄워놓고 게임과 채팅을 한다는 이야기를 여러 부모에게서 들었다. 막는다고 될 일도 아니고, 하지 말란다고 안 할 일도 아니다. 성인들도 줌으로 화상회의를 하다가 지루해지면 검색을 하거나 딴짓을 하는데, 중학생들이야 말해 뭐 하겠는가?

고등학교는 외국어고, 과학고 같은 특수목적고등학교와 일반계 고등학교로 나뉘는데, 이렇게 나뉘기 직전에 학생들이 모두 한

교실에 모여 있는 마지막 단계가 중학교 2~3학년이다. 일단 같은 교실에 있기는 하지만, 학생들은 다 안다. 부모나 선생님 혹은 친구들이 자신을 특목고에 갈 아이로 보는지 일반고에 갈 아이로 보는지. 한국에서는 이미 중학교 중반부터 특목고를 목표로 관리되는 학생과 그 외의 관리되지 않는 학생으로 나뉘는 '분리' 현상이 발생한다. 코로나 충격은 관리되지 않는 중학생 쪽에서 집중적으로 발생한다.

　교육에서 팬데믹이 미치는 영향을 학력 격차라는 말로 흔히 표현하지만, 근본적인 문제는 게임 과몰입같이 아이들의 일상성이 망가지는 일이다. 비특목고 트랙으로 들어온 '이생망' 중학생들, 그들이 팬데믹과 함께 맞이하게 되는 것은 가장 기본적인 일상성의 부재다. 청소년기의 게임 과몰입이 '이생망' 현상과 결합되면 관리되는 학생과 관리되지 않는 학생 간 분리 현상이 더욱 가속화된다. 이런 일이 꼭 부모의 학력이 낮거나 가난한 집에서만 벌어지는 것도 아니다. 부모가 모두 박사이거나 교수인 집안, 중산층 이상의 생활수준을 유지하는 집안에서도 빈번하게 관찰된다. 어떻게 할 것인가?

　아마 팬데믹 국면이 1년 이상 길어질 것이라고 예상했으면 교육 당국에서도 긴급하게 몇 가지 프로그램을 제시하고 대안을 마련했을 것이다. 그렇지만 교육행정의 특성상, 긴급한 상황에서 기민하게 대처하기에는 유연성이 많이 부족하다. 교과서 바꿀 때도 초등학교 1학년부터 바꾸기 시작해서 12년이 걸렸다.

이미 초등학교의 방과후교실에서는 줄서지 않으면 들어가기 어려운 마술 수업부터 코딩과 컴퓨터 수업, 로봇 제작 등 다양한 프로그램이 진행 중이다. 방과후교실이 이제는 초등학교 수업의 단조로움을 많이 보완하고 있는 형태다. 그리고 코로나와 함께 2020년을 거치면서 2021년에는 꽤 많은 수업이 온라인 수업으로 전환되었다. 그러나 돌봄 단계는 이미 지났고 전격적인 대입 준비를 하기엔 이른 중학교는 이래저래 정책의 사각지대가 되었다.

게임 말고는 시간을 보낼 다른 대안을 찾기 어려운 중학생들에게 흥미로운 비교과 프로그램을 좀 더 적극적으로 개설해주는 것이 행정적으로 어려운 일은 아니다. 국영수만 교육이 아니고, 문화와 실기 혹은 직업 교육도 좋은 교육이다. 영화나 연극 같은 문화 분야는 물론이고 인공지능 등 IT 분야나 직업 실무 등 다양한 분야에 중학교 2학년생들이 재밌게 참여할 수 있는 프로그램들이 무궁무진하다. 하다못해 게임을 너무 좋아하는 학생들에게는 게임 개발 과정을 교육으로 제시할 수 있지 않을까? 웹툰만 보는 학생에게 바로 웹툰을 그리라고 하면 어려워하겠지만, 웹툰을 기획하고 제작하고 마케팅하는 방법을 교육 프로그램으로 만들 수 있지 않을까? 심화 과정으로 직업 웹툰팀을 만들고 완성작을 학교 홈페이지에 올리는 것까지 경험하게 할 수 있다.

이게 시급한 일이라고 생각하지 못해서 그렇지, 실무적으로나 예산상으로나 불가능한 일은 아니다. 코로나 대응으로 수십조 원이 움직이는데, 그중에서 몇백 억만 써도 중학교 단위에서 팬데믹 교육문화 프로그램을 내실 있게 운용할 수 있다. 이런 프로그램을 학교별로 알아서 운영하라고 하면 힘들 수 있겠지만, 교육청과 지역 도서관에서 통합 프로그램을 운영해도 문제가 없다. 예컨대 영화감독 봉준호가 전국 중학생을 대상으로 온라인 특강을 한다고 생각해보자. BTS 멤버들이 자신들의 삶을 중학생들에게 이야기한다고 생각해보자. 게임보다 인기 있을 것 같다. 꼭 유명하지 않더라도 각 분야의 전문가들이 중학교 프로그램에 온라인으로 참여하는 것도 가능하다. 학교 도서관 사서들을 통해서 청소년 대상 도서의 저자 강연도 충분히 시도해볼 수 있다.

이런 프로그램들의 효과성이 입증되는 경우, 팬데믹이 종료해도 일상 교육 프로그램으로 전환할 수 있다. 중학생들의 일상적 삶이 풍부해지면서, 그들이 체득한 다양한 지식과 기술이 장기적으로 국민경제의 생산성 증대에 기여하게 된다. 조금 더 개인적인 관점으로 본다면, 그들이 대학에 진학할 때 쓰게 될 자기소개서의 몇 줄을 팬데믹 기간에 더욱 풍성하게 만들어줄 수 있다.

대입을 향한 교육행정에 드는 에너지의 10분의 1만 중학교, 아니 중등교육 과정에 사용한다면 우리가 가질 수 있는 상상력의 총자산이 바뀐다. 게임이 중독 혹은 과몰입 현상을 일으켜서 문제라는 이야기를 하려는 것이 아니다. 게임보다 더 재미있는 교육 프로그램을 제시하자는 것이다. 중학교 대안 프로그램은 이 사회가 못하는 게 아니라 안 하는 것이다. 교육의 목적은 대학 입학이 아니다. 그리고 대안 프로그램은 대안학교에서만 하는 것이 아니다. 대안 프로그램이 그렇게 좋은 거라면 공교육 내에서 모두가 참여할 수 있도록 하는 게 더 좋지 않겠는가?

우리나라 교육에는 돌봄과 대입이라는 두 가지 포컬 포인트 외에 중학교 생활교육이라는 또 다른 포컬 포인트가 하나 더 필요하다. 대입 교육 트랙에 아직 들어가지 않은 중학생들이 팬데믹 국면에서 단절된 일상을 보내는 것을 보면서 내린 결론이다.

4. 코로나 세대
   그리고 지방대의 위기

코로나와 함께 대학이 원격 수업으로 전면 전환하면서, 세계에서 유례가 없을 정도로 동아리와 동문회 등 각종 활동으로 다채로웠던 한국 대학의 풍경이 무채색이 되었다. 2020년 1학기는 엉겁결에 온라인 수업이 시작되었고, 2학기는 설마 하다가 여전히 온라인 수업이 유지되었다. 지금의 추세대로 간다면 2021년 한 해 역시 온라인 수업으로 진행될 가능성이 높다. 2년간 온라인 수업을 하면 2년제 대학의 경우는 오프라인 수업 없이 졸업을 하게 된다. 돌봄과 대입을 중심으로 구성된 한국 교육 체계에서 정작 대학 교육의 질적 수준에 대한 사회적 우선순위는 매우 낮다는 역설적인 현상을 보게 된다. 코로나 국면에서 대학 교육의 질을 높이는 데 투자하거나 그 우선순위를 높인 흔적을 찾아보기는 어렵다. 수업을 온라인으로 하면 대학교 등록금을 내려달라는 학생들의 요구가 있지만, 정부는 여기에 지원금을 쓸 수는 없다는 매우 명확하고 간결한 입장을 가지고 있다.

내가 가르치는 학생들은 연극과 영화를 전공하는 학생들이다. 나도 줌으로 수업을 진행하는데, 수업 준비가 일반 수업보다 힘들고 시간이 많이 들기는 한다. 하루를 꼬박 수업 준비에 사용하거나 0.5일 혹은 1일을 추가로 더 쓰기도 한다. 현장에서는 학생들 분위기와 상황을 보면서 밀도와 진도 같은 것을 조절할 수 있는데, 줌 수업에서는 학생들 반응을 살피기가 어렵다. 회의 때는 참여자가 모두 카메라를 켜지만, 수업 때 학생들은 카메라를 끈다. 출석부를 보고 한 명씩 호명해서 의견을 묻는 건 가르치는 사람으로서 매우 자존심 상하는 일이지만, 방법이 없으니까 수업 중간중간에 몇 번은 그렇게 한다. 속상하다.

실기가 꼭 필요한 연극 계열 학생들 수업은 더 어렵다. 장학금 대상자를 선정하기 위해서, 학생들이 인터넷에 올린 소규모 연극 공연을 보고 심사하는 작업을 한 적이 있다. 아무래도 장비와 시설 문제 탓에 대사가 또렷이 들리지 않아서, 그야말로 분위기만 볼 수밖에 없었다. 조명이나 무대 준비 등 스태프 역할을 한 학생들까지 개인별로 평가해야 해서 며칠 동안 눈이 빠지도록 학생들의 연극을 봤다. 여기에서 좋은 점수를 받은 학생들이 장학금을 받게 되니 대충 넘어가기가 어렵다.

공학 계열과 이학 계열의 많은 수업에 실험이나 실습이 있고,

팬데믹과 함께 사회 전면에 나서게 된 의학 계열도 마찬가지다. 이론 수업만 받는 학과와 달리 이런 실기 위주의 학과들은 별다른 대안이 없어서, 마치 아무 일도 없는 듯이 그냥 현장에서 수업을 한다. 그 와중에 본관이나 행정관 같은 데서 확진자가 나왔다고 며칠간 학교에 오지 말라는 문자가 주기적으로 온다. 아무 일도 없는 듯이 시간은 가고 있지만, 정말 아무 일도 없는 것은 아니다.

2021년 1월 잡코리아와 알바몬에서 대학생 2,373명을 대상으로 공동 설문조사를 했는데, 75.3퍼센트의 학생이 원격 수업으로 만족도가 낮아졌다고 답했고, 별 차이가 없다는 학생은 20.1퍼센트, 오히려 만족도가 높아졌다는 학생은 4.6퍼센트로 매우 적었다. 수업에 대한 불만족은 휴학으로 나타난다. 3학년은 33.9퍼센트, 4학년은 41.7퍼센트가 휴학할 것이라고 답했다. 이러한 휴학률은 지방으로 갈수록 확 높아진다. 예전에 지방 명문대학이라고 하던 곳들이 학교를 유지하기 어려운 상황이라고 토로한다.

IMF 경제위기 때는 그 이전에 대학을 이미 졸업한 학생들과 그렇지 않은 학생들 사이에 경제적 운명이 갈렸다. 그 시절만 해도 연령차별금지법 시행 이전이라 딱 해당 연도에 대학을 졸업한 학생들에게만 공채의 기회가 주어졌다. 2008년 글로벌 금융위기 때 일본 대학에서도 비슷한 일이 벌어진 적이 있었다. 일본의 대학들은 최소한의 행정 비용만 받고, 이미 졸업 학점을 다 채운 학생들이 대학생 신분을 유지할 수 있도록 조치해 그들에게 공채의 기회를 주었다.

그렇다면 이번에도 유사한 현상이 벌어질까? 제일 큰 변화는 공채 축소로 인한 단기적인 채용 악화나 실업률 증가보다는, 채용 관행 자체의 변화일 것이다. 현대자동차가 공채를 폐지한 것은 코로나 이전이었다. 이 흐름을 팬데믹이 더욱 강화하는 중이다. LG가 코로나 한가운데에서 공채를 없앴고, SK도 공채를 없앨 예정이다. 우리나라 공채제도의 원형이 바로 일본에서 나왔다. 한국과 일본에만 존재하는 대규모 공채는 민간 기업에서는 점차 사라질 가능성이 높고, 해당 분야에서 필요 인력을 그때그때 충원하는 수시 채용으로 변하게 될 것이다.

공공부문은 정책적으로 청년 취업을 계속 유지하려고 하지만, 그렇다고 모든 청년이 정부기관이나 공공부문으로 취업할 수 있는 것은 아니다. 흔히 노동시장의 2중구조라고 불리는, 정년이 보장되는 직장과 그렇지 않은 직장 사이의 격차는 더 벌어질 것이다. 갓 졸업했거나 지금 대학에 다니는 학생들에게 집중적인 충격이 발생하는 것은 피할 수 없다.

이런 큰 변화가 오면 동일한 경험을 공유하는 사람들에게 '세대 현상'이 벌어지는 경우가 많다. 그렇다면 이 변화를 '코로나 세대 현상'이라고 이름 붙일 수 있을 정도로 클까? 공채가 점차 사라지는 것은 큰일이지만, 이건 한국에서만 벌어질 일이라서 크게 주목받지 못할 가능성이 높다. 사회적 요구가 높으면 문제를 완화하거나 보완하기 위한 정책적 개선이 뒤따르지만, 특별하게 사회적 이슈가 되지 않으면 당사자들만 힘들지, 문제는 그냥 묻히게 된다. 지금 팬데믹 격리를 겪고 있는 대학생들의 경우를 냉정하게 따지면, 원격 수업이냐 아니면 현장 수업이냐 하는 것은 오히려 부차적인 문제다.

진짜 문제는 노동시장의 변화와 채용 관행의 변화다. 특히 이 변화는 상대적으로 안정된 20대라고 할 수 있는, 대기업 취업을 준비하는 학생들에게 더 큰 영향을 미치게 된다. 공채가 줄어들고 수시 채용이 늘어나는 것은 장기적으로는 피하기 어려운 일이지만, 그 속도가 너무 빠르면 사회적으로 대응하거나 적응하기 힘들다. 민간 분야에서 벌어지는 일이라고 방관할 일이 아니다. 정부 부처 어딘가가 채용 관행의 변화에 대한 종합상황실 역할을 하면서 속도를 조절하고, 사회적 충격을 완화하기 위한 정책적 대응을 해야 한다. 그러지 않으면 대학생들이 전체 정원이 고정되어 있거나 약간씩만 증가하는 공공부문의 공채에 너무 많이 몰리게 된다. 공기업 취업 준비 학원만 엄청나게 커지는 현상이 벌어질 것이다. 한 명 한 명 보면 개인의 선택이지만, 전체적으로 보면 사회적 낭비다.

대학과 관련해서 팬데믹이 만들어낼 가장 치명적인 변화는 지방대학에서 나타난다. 팬데믹으로 인한 많은 충격이 완전히 새로운 것이라기보다 기존의 변화 흐름을 급박하게 만드는 것처럼, 지방

대학의 문제도 기존의 흐름이 너무 빨라져서 생긴다. 팬데믹은 강한 것을 더욱 강하게, 약한 것을 더욱 약하게 만들면서 다양성을 줄이는 방향으로 작동한다. 수도권과 비수도권의 격차가 더욱 커지는 것은 팬데믹이 만드는 또 다른 경향성이다. 대학 경영의 투명성에 대해서는 여전히 불만족스럽다. 그렇지만 반값 등록금 운동 이후로 등록금 동결이 10년 가까이 계속 진행되는 중이라 대학 운영이 어려운 것은 사실이다. 대입 인구의 감소, 형편이 어려운 대학일수록 신규 투자가 지체되는 대학 자체의 흐름, 지역경제 붕괴와 취업시장 축소 등 대학 외적인 요인이 합쳐져서 지금 지방대학의 운영은 아주 어려운 상황이다. 지방의 명문대들도 고학년 휴학률이 60~70퍼센트에 달한다.

지역 대학이 중심축 역할을 하지 못하면 지역 청년이 외부로 유출되고, 그러면 지역경제 전반이 다시 어려워진다. 어려워진 지역경제는 다시 사람에 대한 투자보다 공항이나 해저도로 같은 대규모 토건으로 향하게 된다. 사람 대신 토건에 투자하면서 지역경제는 또다시 어려워진다. 빈곤의 악순환이다. 일본의 '잃어버린 10년'이 이런 과정을 통해서 20년이 되고 30년이 되었다. 우리라고 크게 다르지는 않을 것이다.

현재 있는 정책 중에서 지방대 활성화와 가장 가까운 정책은 여러 번 대선공약으로 나왔던 국공립대학 통합 네트워크다. 유럽의 국립대학 시스템과 비슷한 것을 우리나라에서 만들어보자는 취지인데, 이미 자리 잡은 민간 대학을 국유화하기는 어려우니 나머지 국립대학이라도 교수진을 공유하고 교과과정을 연계하여 평준화하자는 것이 기본 설계다.

대선공약임에도 이 정책이 잘 진행되지 않은 이유는 두 가지다. 우선은 수도권에 국공립대학교가 별로 없다. 서울시에는 서울교대, 서울시립대, 한예종 등 열 개이고, 특히 경기도에는 세 개밖에 없다. 수도권에는 국공립대학에 비해 사립대학이 워낙 많아서, 이 방안이 수도권 대학에 대안이 되기 어렵다는 것이다. 두 번째는 연세대, 고려대 등 상위권 대학을 그대로 두고 나머지 학교들만 연결하면, 미국에서 주요 사립대학교들이 아이비리그를 형성하고 그 밑으로 주립대학들이 모여 있듯 대학이 서열화될 거라는 지적이 있다. 민간 대학도 폭넓게 참여하도록 대학 네트워크를 만들려면 설계가 훨씬 복잡해지고, 시간도 오래 걸릴 수밖에 없다.

현실적인 대안을 찾자면, 대학 개혁에 대한 설계를 모두 마치고 한꺼번에 시행하는 것보다는 시급한 사안들을 먼저 추진하는 방식을 생각해볼 수 있다. 팬데믹을 염두에 둔다면 맨 처음 시행할 수 있는 것은 지방 국립대학교에 무상 등록금을 도입하는 것이다. 반값 등록금을 시행하는 대신 국가장학금을 늘려왔기 때문에 이 경우 실제 필요한 예산은 천문학적인 금액은 아니다. 2019년 교육부 내부 추정으로는 교육대학을 제외한 32개 지방 국립대학을 무상으로 전환하는 데 필요한 금액이 6,384억 원 정도 된다. 적은 돈은 아니지만 그렇다고 감당할 수 없는 돈도 아니다. 지금 부산지역 경제의 대안으로 추진되는 가덕도신공항 건설 비용이 실제 집행 과정에서는 10조 원이 넘어갈 것이다. 무엇이 미래에 대한 투자인가? 팬데믹 국면을 맞아 다시 한번 생각해보았으면 좋겠다.

우선은 지방 국공립대학을 무상으로 전환해서 지역에서 공부하는 것에 대한 경제적 인센티브를 마련하고, 지방 국립대학들 사이의 연계 프로그램을 만드는 것이 단기 과제라고 하겠다. 이 시스템이 안정되면 장기적으로는 지방뿐만 아니라 수도권의 국공립대학들을 무상으로 전환하고 서로 연계하는 2단계를 추진할 수 있을 것이다. 전국의 국립대학을 무상으로 전환하는 데 필요한 돈은 7,652억 원이다. 2단계까지 어느 정도 시스템이 안정되면 사립학교들의 무상 전환과 대학 네트워크에 대한 보다 심도 높은 논의가 필요할 것이다. 이 마지막 단계는 우리나라의 오래된 과제인 사립대학 개혁 문제가 얽혀 있어서 매우 복잡하고 지난한 과정이 될 것이다. 그러나 이 모든 것에 대한 청사진을 미리 완벽하게 만들어야 대학 개혁을 할 수 있는 것은 아니고, 그런 상황에서야 지방 국공립대학을 무상으로 전환할 수 있는 것은 아니다. 시급한 문제에 대해서는 시급한 조치를 시행할 수 있다.

지역경제의 회생을 위해서 공항을 만드는 것과 지역 국공립대학 등록금을 무상으로 전환하는 것 양쪽의 투자 효과를 잠시 생각해보자. 지방 토건사업의 대표라고 할 수 있는 공항 건설의 경우는 특별법을 만들어서 그야말로 최단기로 집행한다고 해도 완공까지 10년 남짓 시간이 소요된다. 공사기간에도 투자 효과가 어느 정도는 발생하지만, 지역 건설사의 참여가 제한적이기 때문에 전체 비용이 그 지역에 남는 것은 아니다. 본격적인 효과는 공항이 성공적으로 운영된다는 전제하에 10년 후에 발생한다. 단기 경제 효과는 별로 높지 않고, 효과 발생까지 10년을 기다려야 한다. 그렇지만 대학 등록금 무상 전환에 대한 경제적 효과는 즉각 나타난다. 빠르면 바로 다음 학기부터 효과가 발생할 수 있다. 팬데믹과 함께 추가로 발생한 위기를 두고 어디에 어떻게 돈을 써야 할 것인가, 이 질문에 대해서 우리는 좀 더 진지하게 생각해볼 필요가 있다.

5. 가사노동 임금제를 위한 메모

스위스 언론인 카트리네 마르살Katrine Marcal의 《잠깐 애덤 스미스 씨, 저녁은 누가 차려줬어요? Who Cooked Adam Smith's Dinner》라는 책은 아마 그 도발적인 제목 때문에 오랫동안 기억될 것 같다. 경제학의 아버지라고 불리는 애덤 스미스Adam Smith도 누군가 차려준 밥을 먹었고, 노동 분업의 중요성을 이야기하면서도 여성 노동에 대해서는 거의 신경 쓰지 않았다는 의미다.

21세기 경제학은 환경 문제나 기후변화 등 예전에는 다루지 않던 주제들을 점점 더 익숙하게 다루고 있다. 그렇지만 여성 문제에 대해서는 여전히 익숙하지 않다. 특히 가사노동에 대해서는 어떻게 처리해야 할지 기본 방향도 잡지 못하고 있다. 우리가 아는 것은 주부의 가사노동은 가치 있는 노동임에도 불구하고 대가를 지불하지 않기 때문에 국민소득을 추정할 때는 뺀다는 사실 정도다.

팬데믹과 함께 집에서 보내는 시간이 많아지면서 이 가사노동에 대한 논란이 시작되었다. 인도의 인기 배우이자 정치인인 카말 하산Kamal Hassan이 2021년 5월 지방선거에 나서면서 가사노동에 대해서 매월 임금 형식으로 대가를 지급하겠다는 공약을 내세웠다. 격론이 벌어졌다. 집안일에 임금을 준다고?

가사노동 임금제는 1971년 이탈리아에서 관련 단체가 결성된 이후 마르크스주의 페미니즘 계열에서 계속 논의되던 것으로, 어느 날 갑자기 생겨난 제도는 아니다. 그렇지만 주류 사회에서 전면 논의된 적은 한 번도 없다. 스웨덴에서 가사노동과 관련된 보조금이 지급되기는 하는데, 주로 가사도우미를 고용하는 데 지급된다. 누군가를 고용하는 데 지원을 하는 것은 정책적으로 설계가 용이해서, 우리나라도 가사노동은 아니지만 육아와 관련해서는 지원이 존재한다. 팬데믹 기간에도 비정기적으로 육아지원금이 지급되었다. 특히 할머니와 할아버지가 육아에 참여할 때는 직접 지원도 한다.

가사노동과 돌봄노동은 상당 부분이 겹치지만, 완전히 일치하는 것은 아니다. 여성이 주로 참여한다는 점, 그리고 사회적으로 불완전 고용 영역에 광범위하게 걸쳐 있다는 점은 같다. 그렇지만 집에서 하는 일이 육아뿐인 것은 아니지 않은가? 팬데믹과 함께 재택근무가 늘면서 가사노동도 같이 늘었다. 집에 머무르게 된 남편까지 '아이를 하나 더 키운다'고 한숨 짓는 가정주부들이 많다. 늘어난 가사노동으로 고통을 호소하는 사람들이 많지만, 이를 지원하는 정책적인 장치를 설계하기는 아주 어렵다. 가사노동도 그렇지만, 기존의 가사도우미 등 돌봄노동자에 대한 처우도 한국은 제대로 설계가 되어 있지 않은 형편이다.

1953년 근로기준법을 제정할 때 "가사사용인에 대해서는 적용하지 아니한다"는 예외 문구가 들어갔다. 그 당시에는 '식모'를 노동자로 보지 않겠다는 이야기를 법에 넣은 것인데, 지금까지도 흔히 가사도우미라고 불리는 가사노동자는 노동자가 아닌 것으로 간주된다. 당연히 4대 보험 등 노동자에게 필요한 기초 보호장치도 없다. 팬데믹과 함께 가사노동자 문제가 부각되면서 최근에 관련 법개정안이 국회로 갔다. 코로나 국면, 가정 방문이 어려운 상황에서 가사노동자와 돌봄노동자들이 경제적 어려움을 겪고 있다. 게다가 그들 중 상당수는 여성이다. 여성 노동자들은 팬데믹과 관련해서 특히 더 많은 충격을 떠안고 있다.

최근 통계청은 국민계정national accounts에 기반해서 가사노동의 가치를 추정하려 시도하고 있다. 국민계정은 일정 기간 국민 경제활동 결과와 일정 시점 국민경제의 자산 및 부채 상황을 살펴볼 때 가장 현실적인 지표다. 국민소득과 같은 여러 거시지표는 이 국민계정을 기반으로 추정한다.

2018년에 2014년 국민소득 자료를 가지고 가사노동의 가치를 계산한 적이 있다. 2014년에 여성의 경우는 1,080만 원, 남성의 경우는 350만 원 상당의 가사노동을 했다. GDP 비중으로 따지면

24.3퍼센트 정도 된다. 2020년 정부 예산이 513조 원으로, GDP 비중으로는 27.7퍼센트다. 가사노동의 가격은 시장에서 거래되지 않으므로 국민소득에는 당연히 포함되지 않지만, GDP 비중으로는 가사노동의 가치(24.3퍼센트)가 정부 예산 규모(27.7퍼센트)에 맞먹는 셈이다. 각 가정이 청결을 유지하고, 아동을 돌보고, 세끼 밥을 먹이는 데 들어가는 노동의 가치가, 국가가 살림살이를 운영하는 비용과 비슷하다는 뜻이다. 만약 시장에서 이 가사노동 서비스를 전부 구매하는 방식으로 제공한다면, 한국 정부의 1년 예산만큼이 가사노동자에게 지불된다. 이에 비하면 GDP 2.4퍼센트 정도를 차지하는 국방비 53조 원은 정말 약소해 보인다. 참고로 가정생활에서 이루어지는 인간의 여러 활동을 분석하는 과학을 흔히 '가정학'으로 번역하는데, 미국에서 주로 발달한 이 학문의 원래 용어는 '가정경제학home economics'이다.

전액은 아니더라도 일부 가사노동에 대해 정부가 지원하는 것에는 많은 사람이 찬성할 테지만, 문제는 메커니즘 설계가 어렵다는 것이다. 스웨덴처럼 가사노동자를 고용할 때 보조금을 주는 것도 한 방법이지만, 팬데믹 기간에 집합금지가 시행되는 경우에는 쉽지 않다.

가장 쉬운 방법은 기존의 아동수당에 준해서 추가로 가사노동 임금을 지급하는 방식이다. 현재는 7세 미만의 아동에게 부모의 재산이나 소득과 상관없는 보편 지급 방식으로 월 10만 원이 지급된다. 여기에 아동의 수와 상관없이 추가로 가사노동 임금을 지급하면 일단은 시행 가능한 정책이 된다. 비슷한 방식으로 2020년 4월 팬데믹 기간에 7세 미만의 아동을 대상으로 1차 아동돌봄수당이 지급되었고, 9월에는 범위를 좀 더 확대해서 중학생까지 포함한 2차 아동돌봄수당이 지급되었다. 유사한 방식으로 가사노동 임금제를 시행할 수 있다.

이 방식의 장점은 시행 방식이 비교적 단순하고, 예산 책정이 용이하다는 점이다. 가사노동의 중요성을 국가가 인정한다는 상징적인 의미도 가질 수 있다. 그렇지만 단점 역시 명확하다. 아동수당을 기반으로 정책을 설계하기 때문에 7세 이상의 아동이 있는 가구는 제외된다. 또 결혼했지만 자녀가 없는 가구나 1인 가구도 마찬가지다. 제외되는 쪽에서 불만이 생길 수 있다. 집에서 하는 일에는 자녀 돌봄만 있는 것이 아니다. 누구나 가사노동을 한다.

물론 소외되는 계층이 없도록 보완하는 제도를 설계할 수 있다. 자녀가 있는 가구의 가사노동에는 아동수당에 추가적으로 가사노동 임금을 지급하고, 그렇지 않은 경우는 예컨대 한 달에 두 번 가사노동자의 서비스를 받을 수 있는 '가사 바우처'를 지급할 수 있다. 제도 설계는 가능한데, 돈이 많이 든다. 아직은 사회 분위기상 시기상조 같다. 그래서 이번 코로나 팬데믹에서는 간헐적인 수당 설계 외에는 가사노동 임금제를 전면화하기가 어렵다. 그렇지만 가사노동 문제에 대해서는 제도 설계를 위한 끊임없는 시도와 논의가 필요해 보인다.

가사노동에 대해 조금 다른 방식으로 접근하자면 독일의 사례를 찾아볼 수 있다. 가사노동 임금제가 현재의 소비를 지원하는 방식이라면, 독일의 경우는 연금제도와 결합시켜 노후의 소비를 지원한다. [육아 기간 3년 × 노동자 평균 임금]을 연금에 합산해주는 방식인데, '어머니연금'이라고 불리기도 한다. 전업주부뿐만 아니라 직장 여성도 동일한 지원을 받는다. 전체 가사노동 중 육아와 관련된 부분을 사회적으로 인정하는 방식이고, 경제적으로 여성 노년 빈곤층 문제를 해소하는 데 도움이 될 것으로 기대된다. 즉 독일의 연금 지원제는 가사노동 임금제에 비해 미래의 문제에 보다 많은 관심을 기울이는 방식이다.

우리나라에서도 독일식 연금 지원제를 도입하여, 육아를 맡은 직장 여성 혹은 남성에게 마찬가지로 연금을 지원하는 방안을 검토할 수 있다. 한국 상황에 맞추어 남성의 육아 참여를 독려하기 위해서 남성 육아휴직 기간에는 남성에게도 동일하게 연금을 지원할 수도 있다. 전업주부의 경우, 가사노동이 국민경제에 기여하는 점을 인정해서 국가가 국민연금에 일부 금액을 납입하는 방식은 좀 더 적극적으로 검토해볼 수 있다. 국민연금으로 지출된 돈은 넓게 보면 그냥 없어지는 돈이 아니라 결국 국민경제 내에서 쓰이게 된다. 정부 예산을 좀 더 늘려 국민연금에 쓰더라도 좀 더 적극적으로 설계할 필요가 있다.

일본의 배우자 공제 제도 폐지는 가부장제에 대한 사회적 이해의 변화를 보여주는 상징적 사건이다. 아내의 가사노동을 인정해서 남편이 세액 공제를 받을 수 있게 했던 제도인데, 예전에는 이를 가사노동을 인정한 사례로 배웠다. 그렇지만 전업주부로서 여성의 역할을 강화하는 효과가 있어서 2003년에 폐지되었다. 우리나라에도 2005년에 유사한 제도를 도입하기 위한 논의가 있었지만, 격렬한 반대에 부딪혀 더는 진행되지 않았다. 이혼 과정이나 보험금 지급의 경우에 가사노동의 가치를 어느 정도로 볼 것인가는 현실에서도 계속해서 불거지는 문제다. 점점 더 가사노동의 경제적 가치를 높게 평가하는 경향이다.

팬데믹과 함께 돌봄노동 그리고 가사노동의 중요성이 다시금 대두되고 있다. 그렇지만 재난지원금을 특종 업종에 집중해서 더 많이 주자는 주장과 모두에게 공평하게 주자는 주장이 첨예하게 대립하면서 가사노동에 대한 사회적 논의는 다시 한번 뒤로 밀리게 되었다. 정책이 사회적 논의와 합의를 뛰어넘어 혼자 미래로 갈 수는 없다.

부자 나라의
가난한 국민:

팬데믹이
남길 흔적들

4

1. 팬데믹 양극화 그리고 다양성의 패배

한국 경제가 세계적 성공을 거둔 경제 모델인 것은 분명하다. 일제 강점기를 거치면서 일본 모델이 경제의 기본이 되었고, 박정희 시대에 프랑스식 계획경제와 중앙형 시스템이 대거 접목되었다. 서울 지하철이 파리 지하철 시스템을 이식한 것이고, KTX 역시 프랑스 TGV를 원형으로 한다. 그 대가로 많은 공무원이 프랑스로 연수를 떠났다. 짧은 기간이지만 학생 시절 박근혜가 유학을 떠난 곳이 프랑스 남부 공업지역의 중심지인 그르노블이었다.

IMF 경제위기 이후 미국식 신자유주의와 기업중심주의가 한국에서 유행했고, 진보 진영에서는 스웨덴 등 북유럽 모델을 주요 대안으로 제시해왔다. '외국은 어떻게 하느냐?' 이게 경제를 운용하는 데 주요 논쟁거리가 되었다. 이렇게 여러 나라의 시스템이 혼합되다보니까 한국에 들어와 있지 않은 제도가 거의 없을 정도다. 운영을 이상하게 하기는 하지만, 대형 공사의 경제성을 미리 살펴보는 예비타당성조사 제도도 있고, 신뢰가 가지 않기는 하지만, 은퇴 후 생활을 지원하는 국민연금 제도도 있기는 있다.

자, 이제 한국이 외국 모델 위에 경제를 세울 수 있을까? 어려울 것이라고 본다. 좋은 의미든 나쁜 의미든, 한국은 이제 자기완결성을 가진 시스템을 운용할 수밖에 없다. 팬데믹 이후에 이런 경향성은 더욱 강해질 것이다. 좋은 점을 이야기하면 한국 경제가 21세기 이후에도 여전히 역동성을 가지고 있다는 뜻이고, 나쁜 점을 이야기하면 수많은 국가의 요소들이 복합적으로 중첩되어서 누구도 전체 시스템의 작동 원리를 일목요연하게 이해하기 힘들다는 것이다.

팬데믹이 미치는 영향 역시 산업별로 다르고, 업종별로 다르고, 개인마다 다르다. 마스크 착용과 집합금지 등 방역 조치들은 모두에게 힘들지만, 그 영향은 각기 다르게 나타난다. 피해가 적거나 미흡한 정도가 아니라 오히려 결정적인 기회를 맞은 분야가 적지 않다. 배달업체 쿠팡은 미국에 상장되었다. IT 업체들은 채용을 늘리고 저마다 연봉을 올리는 중이다. 증시는 연일 기록을 경신하고, 좋은 입지에 아파트를 산 사람은 자산 급상승을 경험하고 있다. "모두 힘들다"고 하지만, 전체를 놓고 보면 그렇게 공감되지는 않는다.

모두가 같이 힘들면 그래도 좀 버틸 만하다. 그러나 남들은 괜찮은데 자기만 힘들다는 생각이 들 때 정서적 고통은 더 커진다. 그것을 상대적 박탈감이라고 부른다. 모두가 동일하게 격리되어 있을 때는 바이러스 앞에, 마스크 앞에 모두가 공평하다는 생각이 강하게 들다가, 경제활동이 시작되면 어려운 분야와 그렇지 않은 분야가 갈린다. 이윤율이 높아진 산업과 낮아진 산업으로 나뉜다. 이윤율에 따라 상대적 박탈감이 업종별로도 나뉘게 된다. 이것을 '팬데믹 양극화'라고 부를 수 있다. 팬데믹으로 이익을 보거나 크게 영향을 받지 않는 분야가 위쪽 축을 형성한다. 그리고 대다수 자영업을 비롯해 내수용 산업들 그리고 현장 공연과 관련된 많은 문화산업들이 아래쪽 축을 형성한다. 이런 양극화 흐름 속에서 '부자 나라의 가난한 국민'이 더욱 늘어나게 된다.

어떠한 변화가 생겨날 것인가? 팬데믹 영향으로 어려워진 업종에서는 통폐합 등 독과점화를 통해서 어려운 경영 여건을 돌파하려는 시도가 계속 벌어질 것이다. 금융관료들이 주도한 대한항공과 아시아나 합병이 대표적인 사례다. 이후 비슷한 상황을 겪고 있는 일본 정부도 양대 항공업체 JAL과 ANA를 합병하기 위한 검토를 시작했다. 소비자로서는 두 업체가 경쟁하는 복점이 하나의 대형업체만 남는 독점보다는 낫다. 독점시장을 깨고 과점시장으로, 그리고 점차 완전경쟁시장으로 전환하는 것이 일반적인 흐름이지만, 팬데믹은 오히려 독점시장을 늘리거나 덜 경쟁적인 시장으로 전환하려는 경향성을 발생시킨다. 큰 충격이 왔을 때 살아남기란 매우 어렵지만, 살아남은 기업에는 더 큰 기회가 열리게 된다.

기업이야 어떻게든 버틴다고 하지만, 개인들은 어떨까? 한국은행은 2020년 가계저축률을 10.2퍼센트로 추정한다. 2019년에는 6.0퍼센트로 2015년 이후 줄곧 낮아지는 추세였는데, 흐름을 깨고 확 올라갔다. 반면 2020년 3분기 가계대출은 총 1,587조 원으로, 가계부채가 전년도 3분기에 비해 7퍼센트 늘었다. 같은 기간 경제성장률은 -1.3퍼센트였다. 빚내서 집도 사고 대출 받아 주식 투자도 한 영향이 있다. 신용대출은 690조 원, 주택담보대출은 890조 원이다. 어느덧 가계대출이 국민소득 대비 100.1퍼센트로 국민소득 총규모를 넘어섰다. 가계부채 비율로는 전 세계 1위가 되었다. 정부나 기업대출은 그런대로 버틸 만한 수준인데, 일반 가구가 빚을 너무 많이 지고 있다.

팬데믹 상황에서 자영업·여행산업·문화산업 등 내수 경제, 그중에서도 공기업 등 공공부문이 아닌 순수 민간 내수 경제에 해당하는 부문이 특히 힘들다. 같은 민간 내수 경제에서도 택배와 통신, 가전 등 비대면 분야는 특수를 맞은 곳도 많다. 반면 지역경제, 특히 관광을 중심으로 내부 경제를 형성한 비수도권 지역은 아주 어렵다. 내수 분야에서 단기로 고용되는 비숙련 노동자인 청년과 노인도 아주 힘들다. 또 고용시장에서 여전히 불리한 요소가 많은 여성이 남성에 비해서 힘들다.

험한 산길을 달리는 만원 버스의 예를 들어보자. 자리에 앉은 사람들은 창밖 풍경을 즐기면서 갈 수 있지만, 심하게 흔들리는 버스 안에 서 있는 사람들은 멀미가 나서 그저 힘들 뿐이다. 그런데 멀미가 나니 좀 조심해서 운전해달라고 운전사에게 말하면? 정시주행, 시간 엄수를 외치면서 어쩔 수 없으니 참으라고 한다. 참고 버티면 결국 목적지에 도착할 수 있을까? 버스가 정류장에 설 때마다 차멀미가 심한 사람들은 중간에 내리게 된다. 어쩔 수 없이 황망하게 내린 사람을 정부는 '사양산업'이라고 부른다. 선진국으로 가는데, 같이 갈 수 없는 사람들이 있다는 것이다.

버스 안에는 부자들이 자리에 앉아 있고, 공기업 근무자들을 포함한 공직자들이 앉아 있다. 한계에 내몰린 청년들이 서 있고, 가사노동자를 비롯한 여성들이 서 있다. 노약자 보호석이 있기는 하지만, '인생 2모작'이라는 명찰을 단 일부 노인만 앉아 있고, 나머지는 서 있다. 중간중간에 멀미를 버티지 못해서 내린 사람들을 보니까 대학 비정규직 강사 등 지식 생산을 담당하던 사람들이나, 작가와 화가처럼 문화경제 분야 종사자들이 적지 않다.

미술품 시장의 예를 들어보자. 소더비를 비롯한 경매 시장이 규모가 제일 크고, 전시회 등 각종 이벤트가 그다음을 형성한다. 2020년 초 본격적으로 코로나 격리가 시작되면서 경매 시장과 전시회장이 문을 닫았다. 7월이 되자 소더비가 현장 경매 대신 온라인 경매를 시작했는데, 우려와 달리 대성공을 거두었다. 소더비뿐 아니라 크리스티와 필립스까지 세계 3대 경매 시장이 모두 온라인 경매를 시작했다. 예전에 비하면 절반 규모지만 그래도 예상을 뛰어넘는 경매 참가가 발생했고, 절망적 상황은 피할 수 있었다. 팬데믹

1차 격리기간 중 많은 유가증권이 마이너스 수익률을 기록했지만, 투자상품으로서의 현대미술 작품은 2020년 11월까지 6.7퍼센트의 투자수익률을 기록했다.* 보통 미술품은 달러가 약세일 때 강세를 보이는 경향이 있으므로, 온라인 경매의 본격화와 미술품이 대체 투자 상품으로 부각되는 두 가지 현상이 결합하면서 미술품에 대한 투자는 온라인에서 성업 중이다.

그럼 이제 미술품 시장은 회복의 기미를 보인 것이고, 정상적으로 돌아갈 것인가? 시티그룹의 분석에 의하면 미술 분야에서는 50만~100만 달러 이상인 상품들의 수익성이 높고, 전문 투자회사들이 이런 고가 미술품을 주력 상품으로 삼는다. 소더비 같은 경매 시장에서도 19세기 인상파 작품과 같이 고가의 미술품들이 주로 거래된다. 일부의 특A급 화가가 아닌 현재 활동하는 화가, 특히 젊은 신인들이 미술 시장에 접근하는 주요 경로는 미술관의 전시회다. 그런데 투자 기능을 가진 고가 미술품을 다루는 경매 시장은 온라인으로 운영이 가능하지만, 덜 유명하거나 데뷔한 지 얼마 안 되는 화가들의 시장인 전시회는 온라인으로 운영하기가 어렵다. 전시회가 줄어들면서 신진 작가들의 작품 생산이 줄어들고, 곧 다양성이 줄어드는 형태로 코로나가 미술 시장을 재구성하는 중이라고 할 수 있다. 새로운 실험을 펼치는 전시회가 미술의 다양성을 높이는 주

---

* 시티그룹, "세계 미술 시장과 코로나 19" 보고서(2020년 12월).

된 경로인데, 이 문이 닫힌 것이다. 원래도 고가에 팔리던 인상파 그림들이 경매 상품으로서 제 가격에 팔리는 것이 다양성에 무슨 도움을 주겠나?

선진국, 특히 유럽의 작은 국가들에서는 정밀화학, 정밀기계 등 '정밀'이라는 수식어가 붙은, 나름의 지식과 노하우를 농축한 산업들이 강하다. 파리 패션위크, 런던 패션위크 등 문화와 예술이 농축된 패션산업도 마찬가지다. 텍스타일 기술로 천만 잘 만든다고 들어갈 수 있는 시장이 아니다. 이런 산업을 뒷받침하는 것이 지식과 문화다. 불행히도 이런 선진국형 산업들이 코로나로 인한 이윤율 저하에 취약하다. 원래도 떼돈 벌던 데가 아니라서 더욱 그럴지도 모른다.

경제의 다양성을 위해서는 약한 고리들이 잘 버텨야 한다. 경제가 호황일 때는 약한 고리들도 나름 역할을 하면서 경제의 선순환을 이루지만, 불경기일 때 약한 고리들은 시장에서 탈락하고, 다른 업종으로 전환하거나 그 분야가 고사한다. 어떻게 하면 지식과 문화 등 선진국 경제의 원천에 해당하는 분야를 비롯해 경제의 다양성을 유지할 것인가? 이것이 팬데믹 이후에 맞닥뜨릴 또 다른 질문이다. 여기에 엄청나게 큰돈이 들어가는 것도 아니지만, 장기적 효과는 확실하다. 그런데 문제는 이 효과가 눈에 잘 보이지 않아서, 다양성을 위한 산업 생태계 지원은 우선순위에서 한참 뒤로 밀린다는 것이다.

자우림의 노래 〈일탈〉 가사로 지난 IMF의 충격을 다시 한번 환기해보자.

할 일이 쌓였을 때 훌쩍 여행을
아파트 옥상에서 번지점프를
신도림역 안에서 스트립쇼를
야이야이 야이야이야
머리에 꽃을 달고 미친 척 춤을
선보기 하루 전에 홀딱 삭발을
비 오는 겨울밤에 벗고 조깅을

〈일탈〉이 발표된 것은 공교롭게도 1997년 11월, IMF 경제위기가 터지기 직전이다. 당시 1990년대의 풍요가 'X세대', 즉 '다양성 1세대'를 만들 것이라는 새로운 기대가 생겨났지만, 'X세대'의 사회적·문화적 일탈은 IMF 경제위기로 인해 열매를 맺지 못했고, 사회는 다시 획일성으로 돌아갔다. 코로나의 충격으로 직접적인 이윤율 저하에 맞닥뜨린 많은 산업이 판매 방식의 온라인 전환 등 다양한 시도를 하지만, 모두가 성공할 수 있는 건 아니다. 주로 실험적인 시도를 하는 업체들이 문을 닫게 된다. 특별한 노력이 없으면 지금의 팬데믹 위기는 경제적으로 다시 획일성을 강화하는 형태로 작용하게 될 확률이 높다.

다시 버스의 비유로 돌아가보자. 어려운 사람 봐도 눈 감고, 지식과 문화 분야에서 학살극에 가까운 참상이 벌어지는데도 버티면서 아낀 돈을 가지고 과연 우리의 버스 운전사는 우리를 어디로 데려갈까? 미래를 위해서 아끼고 아낀 돈을 아낌없이 푸는 곳은 불행히도 공항과 다리 그리고 도로로 상징되는 토건이다. 1990년대 일본이 버블 공황을 만나면서 더욱 적극적으로 추진했던 사업이 공항 건설 등 지역 개발이었다. 그 결과 잃어버린 10년이 잃어버린 20년이 되었고, 이제 경제위기를 피하기가 어려우니까 일본 정부는 도쿄 올림픽에 사활을 걸었다. 이것이 지금 일본 경제가 만난 딜레마다. 그렇게 일본이 거친 구조적 위기를 바로 옆에서 보면서도 우리는 일본과 같은 길을 전속력으로 달려가는 중이다. 그런데 그 종착지가 운전사의 단골식당이라면?

대규모 토건사업을 하기 전 법이 정한 예비타당성조사, 흔히 '예타'라고 줄여 부르는 검증 절차를 수행하는 기관은 한국개발연구원(KDI) 산하의 공공투자관리센터다. 한국의 경제권력인 기획재정부가 재정건정성을 점검하기 위해 만들어놓은 기관이다. 기획재정부가 팬데믹 국면에서 제일 크게 외친 것이 바로 이 재정건정성이다. 국민들에게는 재정건정성 운운하며 힘들어도 허리띠 졸라매고 참으라면서, 자기들이 원하는 국가사업에 대해 국회가 예타를 면제하자고 하면 한마디도 않고 가만히 있는 것이 지금의 상황이다. 10조가 들어갈지 20조가 들어갈지, 제대로 총액도 제시하지 못하는 사업에 대해서는 입을 다물고, 국민들에게는 그냥 버티라고 하는 것, 이건 좀 이상하다.

세계 1위 국가를 향해서 달려가다가 결국 토건에 발목을 잡힌 일본 경제와, '선도국가'라는 이상한 용어를 사용해 한 단계 도약을 약속하면서 4대강 시절의 토건사업으로 회귀하는 한국 경제의 모습이 너무나도 닮았다. 국민의 고통을 보면서도 아끼고 아낀 돈을 시멘트에 아낌없이 쓰겠다는 현재의 경제 운용, 좀 슬프다. 팬데믹 이후 수도권과 비수도권의 격차는 더욱 커질 텐데, 그러면 사람이 아니라 시멘트에 투자하는 토건 경제로 복귀하려는 경향은 갈수록 더욱 강해질 것이다.

2. 코로나 롱테일
그리고 관광산업

국제관광과 관련해 세계여행기구(UNWTO)가 내놓은 자료는 처참한 수치를 보여준다. 입국자 수는 2020년 4월에 전년 대비 97퍼센트까지 급감했다. 12월에 내놓은 최종 자료들을 보면 여름에 감소율이 약간 완화되었다가 10월에는 다시 83퍼센트 감소를 기록한다.* 이 정도로 극적인 변화는 2차 세계대전 이후로는 발생한 적이 없다. 여행산업이 맞닥뜨린 이 위기는 비교적 단기간에 종료한 사스나 메르스 때는 물론 경제위기가 8년 이상 전개되었던 석유파동 때와도 비교가 되지 않는다. 석유파동의 충격이 길기는 했지만, 2020년 4월의 97퍼센트 감소와 같은 수치가 나타나지는 않았다.

　코로나 사태가 가진 긴 꼬리, 롱테일의 속성이 가장 명확하게

＊　https://www.unwto.org/international-tourism-and-covid-19.

드러나는 곳이 항공산업과 여행산업일 것이다. 일반적인 경제위기 혹은 지진이나 태풍 같은 재난의 경우는 주요 사건이 초기에 집중되는 경향이 있는데, 팬데믹은 사건 자체가 길고 그 후유증도 오래 남아서 전형적인 롱테일 현상이 발생하게 된다. 코로나 팬데믹의 경우는 개발도상국과 저개발국가까지 어느 정도 백신 접종이 완료되려면 앞으로도 최소 3년은 소요될 것으로 예상된다. 심각한 변이가 발생하면 이 기간은 더 길어진다. 게다가 팬데믹이 주기적으로 발생한다면? 바이러스가 무슨 약속을 하고 움직이는 게 아니니 주기성을 이야기하기는 어렵지만, 우리 생에 코로나와 같은 팬데믹이 마지막일 것이라고는 보장하지 못한다. 1990년대 세계화의 열풍과 함께 중단 없이 성장했던 여행산업이 과거로 되돌아가기는 쉽지 않아 보인다.

우리나라의 경우를 살펴보자. GDP 중 관광산업 비중이 OECD 평균은 10퍼센트 정도인데, 우리는 3퍼센트를 약간 밑돈다. 미국과 일본이 7퍼센트 내외다. 관광산업의 비중을 현재보다 최소한 두 배 정도로 늘려야 한다는 것이 관광업계에서 계속된 주장이었다. 역설적이지만 일본이나 미국보다 관광업 비중이 절반 이하로 낮은 것이, 팬데믹 국면에서 한국 경제가 충격을 덜 받게 된 한 요소가 되었다. 2020년 12월에 영국 〈이코노미스트〉지가 주요 국가의 코로나로 인한 경제 충격을 분석했는데, 한국이 코로나 충격에 가장 덜 취약한 국가로 꼽혔다. 평소에는 지나치게 낮아 보였던 관광업 비율이 코로나 국면에서는 오히려 안정성 확보에 도움을 주었다.

아베노믹스의 절정으로 관광 대국을 목표로 삼았던 일본의 경우는 방역과 관광이 충돌하는 결과가 발생했다. 결국은 총리가 중도 하차했다. 그런데 아베의 뒤를 이은 스가 요시히데菅義偉 총리도 '고 투 트래블Go To Travel' 정책에 예산 11조 원을 배정하고 공격적으로 국내관광 증진에 나섰다. 겨울의 코로나 유행에 따라 방역 단계를 순차적으로 격상하는 데 실패한 스가 정권 역시 위험에 직면했다. 일본만 그런 게 아니다. 여행업의 위기를 부드럽게 해결하려던 유럽의 많은 정부가 결국 국민경제의 위기를 초래하는 딜레마에 빠졌다.

관광업계를 비롯해 여행과 관련된 많은 사람이 고통받는 가운데, 코로나 롱테일 이후 관광산업의 미래를 두고 이미 격론이 시작되었다. 세상은 참 잔인한 곳이고, 그중에서도 경제는 더더욱 잔인하다. 코로나 롱테일이 지나고 나서 관광업은 ① 원래 규모로 돌아간다, ② 더 커진다, ③ 더 작아진다, 세 경우 중 하나일 것이다. 원래도 여행업은 경기 민감도가 매우 높은 산업인데, 경제가 어려울수록 관광 인프라가 더 필요하다는 것이 지역경제의 오래된 주장이었다. 팬데믹과 함께 관광 수입이 줄어들자, 관광 인프라를 만들어야한다는 논리가 더욱 강화되었다.

과연 관광 수요는 장기적으로 어떻게 변화할까? 코로나가 끝나면 억눌린 욕구가 터져 나오면서 관광 수요가 대폭발할 것이라는 시각이 있다. 그러나 코로나 롱테일 후반부에 발생할 이 상황에서는 아직 방역이 완전히 끝나지 않았다는 제약 조건이 작동한다. 코로나 종식 이후 일시적·부분적으로 관광객이 폭증할 가능성은 있다. 그렇지만 중장기적으로 여행 수요의 감소를 조심스럽게 생각하는 견해도 적지 않다.

> 부정적인 변화를 보자면 레저산업 등 수많은 산업이 결코 예전 같지 않을 것이다. 향후 몇 년 동안 코로나19 팬데믹으로 인한 수입 절감의 여파가 계속될 것이다. 그리고 사회적 거리두기라는 새로운 사회적 규범이 여행과 레저산업에 미칠 장기적인 영향이 있을 수 있다.*

지금까지는 개인소득의 증가와 함께 여행 수요도 증가한다는 잠정적인 가설을 가지고 여행 분야에 접근했다. 그렇지만 여행은 의식주와 같은 기본 소비에 해당하지 않고, 비상 상황이 생기면 제일 먼저 가계지출에서 줄이는 항목이다. 초단기적인 관광 증가는 예상할 수 있지만, 장기적으로는 그렇지 않다.

*   제이슨 솅커, 《코로나 이후의 세계》, 박성현 옮김(미디어숲, 2020).

우리의 연구는 어떤 국가들이 다른 국가들보다 더 빨리 회복될 것인가를 밝혀내는 한편, 어떤 국가들이 미래의 충격에 더 잘 준비할 수 있을지도 밝혀준다. 예를 들면, 어떤 신흥 시장들은 산업의 다양화를 위해 관광산업 대신 다른 산업들을 모색해야 하며, 어떤 선진 경제들은 소비진작에서 접객산업 hospitality industry에 대한 의존도를 줄여야 할 것이다.**

해외여행이 줄어든 대신 이 수요가 국내여행으로 전환될 것이라는 시각이 있다. 여행 횟수로 보면 부분적으로 코로나 이후 늘어난 지역이 없지는 않지만, 매출액 기준으로는 그렇게 보기 어렵다. 2020년 1월부터 9월 기준으로 국내여행업은 전년 대비 83.8퍼센트 매출액이 감소했고, 관광숙박업은 58.6퍼센트 감소했다는 것이 잠정 추정치다. 관광식당업은 47.3퍼센트, 관광펜션업은 60.3퍼센트 감소했다. 해외여행 대신 국내여행이 늘었다고 하지만, 국내관광의 많은 분야에서 절반 이상 매출액이 감소했다. 해외관광이 줄어든 비중만큼 국내여행 수요로 전환되리라는 것은 해당 업종의 희망사항이지, 현실에서는 아직 관찰되지 않은 일이다.

여행산업이 GDP 대비 8퍼센트 정도인 프랑스의 경우, 1차 유

** "Which economies are most vulnerable to covid-19's long-term effects?", *The Economist*, 15 Dec 2020.

행 이후 강도 높게 여행업을 지원했지만, 역시 길게 지나갈 파고에 비하면 충분하다고 보기 어렵다. 여행업을 어떻게 재편할 것인지는 아직 어느 나라도 결론을 내리지 못한 어려운 문제다.

베트남은 인구 10만 명당 확진자 수가 3명이 안 될 정도로 동남아에서는 드물게 코로나 방역에 성공한 국가인데, 국경 봉쇄가 상당한 성과를 보였다. 또한 GDP 대비 관광산업 비중이 동남아 국가 중에서는 예외적으로 낮은 편인 9퍼센트 정도로, 태국의 20퍼센트에 비하면 훨씬 낮다. 베트남은 2020년 경제성장률이 2.91퍼센트로, 팬데믹 위기를 감안하면 상당히 선방한 국가다. 2021년에는 8퍼센트 이상의 경제성장이 예상된다. 최근 베트남 정부가 발표한 '2021~2030 사회경제개발전략'은 베트남 공산당 전당대회에서 승인한 공식 개발전략으로, GDP 대비 제조업 비중과 디지털 경제의 비중을 각각 30퍼센트 이상 성장시키는 것이 목표라고 한다.[*]

---

[*] "10년 후 베트남, 한국과의 협력 주목", 〈헤럴드경제〉, 2021년 2월 15일자.

3. 자영업의 미래,
1차 구조조정과 2차 구조조정

자영업은 우리말로는 자신이 직접 경영하는 사업을 뜻하지만, 영어로는 자신을 고용한다는 의미의 self-employment다. 평소에는 특정한 산업처럼 표현되지만, 매우 다양한 분류체계 안에서 소상공인 등과도 혼용되곤 하는 편의적 개념으로, 통계도 일관적이지 않다. 표준적인 산업 분류체계 속에 있는 개념이 아닌 고용형태상의 분류라서, 특정 대책을 마련하기가 쉽지 않다.

자영업이라는 매우 특수한 분류는 한국 자본주의의 온갖 모순이 응축되어 있는, 한국의 매우 특수한 산업화가 남긴 나이테 같은 것이다. 퇴직한 회사원들을 자영업으로 내몬 IMF 경제위기, 노무현 정부의 비정규직 일반화, 박근혜 시절 임대료 상승으로 자영업자들을 지역에서 쫓아낸 젠트리피케이션 등이 남긴 상처가 나이테 흔적으로 남았다. 그리고 세계적으로 유행한 '임금주도 성장' 정책을 자영업자를 포함해 '소득주도 성장' 정책으로 바꿀 수밖에 없었던 문재인 정부도 흔적을 남겼다. 임금주도 성장이라고 말했으면 적어도 노동자의 임금을 높이겠다는 방향은 명확했을 텐데, 임금도 높이고 자영업자의 수익도 동시에 높이겠다고 정책 방향을 정하고 나니까 '소득'이라는 어정쩡한 개념을 쓰게 되었다. 노동자의 임금도 높이고 자영업자의 소득도 높일 기술적 방식을 찾는 건, 정육면체 큐브도 버거운데 피라미드 모양 큐브를 맞추라는 것만큼 당혹스러운 과제였다.

한국 경제에 대한 편견이나 사전 지식이 없는 외국의 어느 대학에서 표4-1의 그래프를 학생들에게 보여주면 누구나 24.6퍼센트에 달하는 한국 자영업의 비중을 줄여야 한다고 이야기할 것이다. 선진국 경제로 분류되는 스웨덴, 프랑스, 미국, 일본이 모두 우리나라보다 자영업 비중이 절반 이하로 낮다. 그리고 자영업 비중이 우리보다 높은 나라 중에서 우리가 모델로 삼을 만한 나라는 거의 없다. 우리나라 정부도 이걸 모르지는 않지만, 이렇게 비중이 큰 분야에 대해서 대안을 마련하기가 쉽지 않다. 뭔가 좀 이상하다고 누구나 이야기하지만, 그렇다고 자영업 비중 줄이기를 정책적으로 추진하겠다고 말하기는 쉽지 않은 애매한 상황이 팬데믹 직전까지 계속되었다고 할 수 있다.

통계청에서 발표한 '2020년 12월 및 연간 고용동향'에 따르면 자영업자가 연간 7만 5,000명 감소해 총 553만 1,000명이다. 이 수

표4-1　　　　　　　　　　　　　OECD 국가별 GDP 대비 자영업 비중

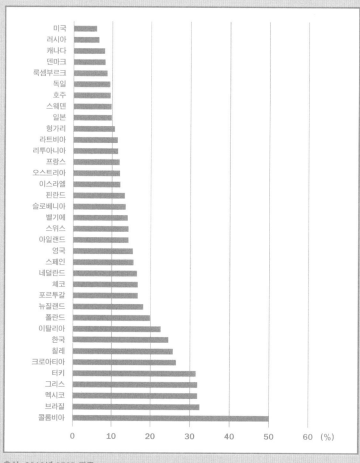

출처: 2019년 OECD 자료

치는 자영업자가 가장 적었던 1994년 537만 7,000명 다음으로 최소치다. 그리고 고용원을 둔 자영업자는 15만 5,000명 감소했다. 숙박 및 음식업에서 고용 감소가 특히 심해서 15만 9,000명의 고용원이 감소했다. 버티기 힘들어서 문을 닫을 곳은 이미 닫았고, 나머지는 부채로 버티든 단골손님으로 버티든 버티고 있는 것이다.

자영업과 관련된 전체적인 논의를 본다면, 수도권에서 거리두기 2.5단계 방역이 진행되던 2021년 1월 1일 국회 등 주요 기관 앞에서 진행된 태권도장 사범들의 집회를 중요한 전환점으로 볼 수 있다. 이전까지는 업종별 실력 행사가 거의 없다시피 했는데, 이후 태권도장이 돌봄 기능을 수행하는 점을 고려해 예외적으로 제한적 운영이 허용되자, 형평성을 주장하며 각종 격투기 도장과 헬스장들이 본격적으로 업종별 움직임을 보이기 시작했다. 카페와 PC방 등 피해가 집중된 업종들도 개별적으로 자신들을 지키기 위한 조직 정비와 활동을 시작했다. 이전과는 온도가 확실히 달랐다. 전면적 개방은 아니지만 헬스장 문이 열렸고, 카페도 문이 열렸다.

자영업의 분야별 집단행동이 발생하기 이전에 시장이 알아서 이끌었던 변화를 자영업의 1차 구조조정이라고 부를 수 있고, 업종 정체의 위기감에 의해 집단행동이 시작된 이후의 변화를 자영업의 2차 구조조정이라고 부를 수 있을 것이다. 태권도 사범들의 집단시위 이후로 확실히 업종별 방역 지침이 상당히 유연해졌고, 법률 등 제도적 정비도 이전과는 다른 상황이 전개되었다. 2021년 3월 5일

발표된 거리두기 개편안에서 다중이용시설에 대한 집합금지는 대부분 폐지되어, 강도가 가장 높은 최고 방역 단계에서 유흥시설을 대상으로만 시행하게 되었다. 노래방, 헬스장, PC방 등은 집합금지 명령 대상에서 제외됐다.

그러나 코로나 상황에서 우리나라의 자영업에 대한 지원은 다른 나라에 비해서 좀 인색한 편이다. '착한 임대료' 운동으로 임대료를 인하한 임대인에게 세액 공제 혜택을 주고 있지만 임대료 직접 지원에 비할 바는 아니다. 캐나다는 '긴급임대료 보조금Canada Emergency Rent Subsidy(CERS)을 통해서 최대 90퍼센트까지 임대료를 지원한다. 일본은 매출이 심하게 감소한 경우 6개월분까지 임대료를 지원한다.* 이렇게 직접 임대료를 지원하지 않더라도, 임대료 지불 연기나 강제퇴거 금지 같은 조치는 많은 나라에서 시행하고 있다. 우리나라는 워낙 건물주의 힘이 강해서 임대료에 정부가 긴급한 조처를 해서는 안 된다는 여론 흐름이 강하다. 우리나라에서도 긴박하게 임대료를 멈출 수 있는 이른바 '임대료 멈춤법'이 국회에 몇 개 제출되어 있지만, 통과될지는 불투명하다.

또한 현재의 감염병예방법은 집합금지나 영업금지 등의 제한 행위를 할 수 있도록 하지만, 그에 대한 보상은 따로 규정하고 있지

---

* "코로나바이러스 대유행과 상가임대차 보호에 관한 주요 국가의 입법례 소개", 《최신 외국입법정보》 2020-27호.

않다. 보상에 관한 법률을 두고 많은 논란이 있었다. 쟁점은 두 가지였다. ① 감염병예방법에 보상에 대한 내용을 포함할 것인가, 아니면 별도의 법률을 마련할 것인가? ② 이미 지나간 집합금지에 대해서도 소급해서 보상할 것인가?

이 논의의 잠정적 결론은 기존의 '소상공인 보호 및 지원에 관한 법률'에 소상공인 손실에 관한 보상 및 지원 방안을 담기로 한 것이다. 감염병예방법에 지원 대상을 넣으려면 누구를 지원할지 법률 내에서 세세하게 규정해야 한다. 이 부담을 피하고자 소상공인 관련 법률에 보상 관련 규정을 담기로 한 것인데, 어정쩡한 타협이다. 보상이 필요한 사람은 소상공인 외에는 없는가? 여행업이나 호텔업 혹은 극장업은 대기업이라도 명백하게 집합금지의 피해를 받는 업종이다. 이런 데는 어떻게 할 것인가? 프로야구를 비롯한 스포츠계나 여타 경제활동은 명백한 피해가 있더라도 아예 보상할 필요가 없는 것인가?

현실적으로는 먼저 실력 행사에 나선 자영업자들이 우선 보상 대상이 되었다는 점을 생각할 필요가 있다. 보상 관련 규정이 소상공인 관련 법률 개정으로 방향을 잡으면서 팬데믹 보상에서 비정규직이 상대적으로 우선순위에 놓인 것은 사실이다. 그렇다면 소급은? 법률의 특성상 소급은 아주 예외적인 경우 아니면 쉽지 않다. '5·18 민주화운동 등에 관한 특별법'이 소급 적용되었고, '친일반민족행위자 재산의 국가귀속에 관한 특별법' 역시 소급 입법된 사례가 있다. 두 법률 모두 헌법재판소까지 가서 합헌 판정을 받았다. 자영업자 보상의 경우 과연 헌재까지 가서 합헌 판정을 받을 수 있을 지는 좀 애매하다. 무엇보다도 그렇게 법률이 확정되는 데 3~4년 걸리면 긴급지원의 실효성이 떨어진다.

소급은 하지 않고 소상공인은 우선 보상한다는 지금의 법률 개정안은 모든 분야를 포괄하기 어려운 어정쩡한 봉합이고, 자영업자들이 기대하던 소급 처리가 빠져서 불만족스러운 결론이다. '공포 후 3개월'이라는 유예기간을 감안하면, 아마 7월부터는 자영업자들이 법률에 근거를 둔 전혀 다른 차원의 보상을 받게 될 것이다. 팬데믹과 같은 비상시국에 굳이 일반적인 3개월 유예기간을 고집할 필요가 있는가 하는 쟁점은 아직 남아 있다. 그리고 정작 중요한 보상의 규모와 방법 등은 시행령으로 빠져 있기 때문에 팬데믹과 자영업 관련 경제적 논란이 다 끝난 것은 아니다.

팬데믹으로 인한 방역 조치가 완화되거나 종료되면 팬데믹으로 인해서 발생한 한국 자영업의 1, 2차에 걸친 구조조정이 모두 종료될까? 그렇지는 않을 것 같다. 현재 24.6퍼센트인 한국 자영업 비중이 일본의 10퍼센트까지는 아니더라도 뉴질랜드 수준인 10퍼센트 중후반까지는 매우 빠른 속도로 내려가게 될 것 같다. 이는 포화 상태에 있던 기존 자영업의 조정과 팬데믹이 초래한 사람들의 행동 패턴 변화가 동시에 발생해서 벌어지는 일이기 때문에, 거대한 후폭풍을 예상할 수 있다. 이번 변화는 그 폭이 좀 클 것 같다. 개별 점포가 아니라 상가 자체의 존립이 어려울 정도로 자영업 경기가 침체했고, 그만큼 배달업체의 위력은 강해졌다. 그러면 존폐가 어려워진 대형 매장들 일부는 배달 전문기업의 물류창고로 전환될 가능성이 높다. 코로나 한가운데서 파산에 몰린 127년 전통의 미국 백화점 JC페니가 아마존과 물류창고 협상을 하는 과정을 지켜본 사람들은 세상이 바뀐다는 것을 실감하지 않을 수 없었다. 고급 백화점에서 집 근처 상가까지, 언제 어디가 보다 수익성 높은 물류창고로 변할지 모르는 상황에서 자영업의 미래는 그다지 밝지 않다. 객관적인 상황은 그렇게 흘러가더라도, 자영업이 줄어드는 속도를 제어하고 연착륙을 유도하는 정책은 반드시 필요하다.

업종별로 공동 대응할 수 있는 메커니즘을 만들면 확실히 개별적으로 움직이는 것보다는 규모의 효과를 발생시킬 수 있다. 예컨대 버거킹과 던킨도너츠는 식자재 구매를 협동조합을 통해서 한다. 서로 자발적으로 상생하는 사회적 경제 방식인데, 기업은 사회적으로 좋은 이미지를 얻고 생산자들은 안정적인 판로를 얻는다. 한 지역의 유사한 업종끼리 협동조합 방식으로 자재를 공동구매하거나 영업 등 관리를 공동으로 할 수 있다. 이렇게 자영업자들끼리 같이 움직일 수 있는 장치가 마련되면, 정부 입장에서도 여기에 간접비를 지원하는 방식이 개별 업체에 직접 지원금이나 보조금을 주는 방식보다는 훨씬 부담이 덜하다. 이런 장치들이 단기간에 엄청난 효과를 내지는 않지만, 수익률이 너무 떨어지지 않게 하는 안전장치 역할은 해줄 수 있다. 개별적으로 움직이는 자영업의 안정성을 높이기 위해서는 좀 더 많은 사회화와 집단화가 필요하다.

코로나 이전으로 돌아간다? 상당한 기간이 흘러도 불가능하다. 지금 정부가 해줄 수 있는 보상 수준으로는 피해를 받은 업종들의 원상회복은 어렵다. 임대료를 포함해서 많은 제도적 정비가 필요하고, 좀 더 부드럽게 철수할 수 있는 경제적 장치에 대한 적극적 고려가 필요하다. 충격을 없앨 수는 없지만, 충격을 줄일 수는 있고 속도를 조절할 수도 있다. 예산 문제로 당장 큰 규모로 보상이나 재정 지원을 하기가 어렵다면, 중장기적으로 이 문제를 담당하는 중앙부처 신설에 대해서 고민해볼 필요가 있다. 별도의 대규모 부처로 만들기는 쉽지 않겠지만, 금융위원회처럼 자체 조직을 가진 위원회를 만들지 못할 이유는 없다. 좀 더 적극적으로 그리고 좀 더 장기적으로 이 문제를 생각해야만 한다.

책상에서 보는 세상과 달리, 국민경제가 지나치게 빨리 움직이면 그 속도 자체로 견디기 어려운 충격이 발생한다. 특히나 특정 분야가 하락세인 경우는 더 그렇다. 변화의 속도를 줄이고 충격을 완화하려는 노력을 하지 않으면 전통적 한국 경제의 약점인 내수에 너무 큰 충격이 온다.

4. 디지털 경제 vs. 팬데믹 경제 그리고 프리랜서

일본 애니메이션 〈공각기동대〉의 새로운 시리즈 〈공각기동대: SAC 2045〉가 넷플릭스 투자로 만들어지는 중이다. 그 첫 번째 에 피소드가 공개되었다. 1989년 시로 마사무네士郎正宗의 만화로 연재 를 시작한 〈공각기동대〉는 1995년 극장판으로 처음 개봉되었다. 인간이 컴퓨터로 된 두뇌인 전뇌電腦를 장착하고 안드로이드 신체인 의체義體를 입은 채 사이보그가 된 상황을 배경으로 한다. 세계적으 로 성공한 영화 〈매트릭스〉 시리즈의 원형이기도 하다. 〈매트릭스〉 가 지구생태의 변화에 더 초점을 맞췄다면, 〈공각기동대〉는 대기업 과 국가의 부패로 인한 음모에 더 중심을 둔다. 넷플릭스의 새로운 시리즈는 세계적인 경제위기 속에서 주요 국가가 부도난 디폴트 상 태에서 이야기가 시작된다.

이 애니메이션 시리즈는 기존의 2D에서 3D 방식으로 바뀌어

화제가 되었다. 예전에도 다치코마 같은 인공지능 탱크는 3D로 그렸지만, 인물만은 반드시 2D로 그렸던 것이 〈공각기동대〉의 전통이다. 주요 캐릭터들의 표정을 기가 막히게 2D로 묘사하던 기존 스타일에 익숙해져 있던 오랜 팬들은, 이 새로운 시리즈를 '공각기동또봇'이라고 놀리기 시작했다. 〈헬로카봇〉과 〈또봇〉, 한국 어린이들 사이에서 3D 로봇 애니메이션의 양대 산맥이다.

예전에는 컴퓨터 프로그램을 사용하는 3D가 2D에 비해서 제작비가 더 높았지만, 지금은 일일이 손으로 그리는 2D 제작비가 훨씬 더 높다. 인건비 때문이다. 전통적으로 2D를 고수하던 지브리 스튜디오도 아들 대로 내려와서 드디어 3D 애니메이션을 출시하게 되었다. 기술이 발달해서 2차원 평면 그림이 3차원 입체로 바뀌는 것이 아니라, 인건비를 감당하기 어려워서 입체로 바뀌게 된 것이다. 그렇다면 화가들의 인건비가 갑자기 비싸지기라도 한 것일까? 아니다. 3D 프로그램 운용 비용이 많이 낮아지면서 재래식보다 가격 경쟁력이 높아진 것이다.

애니메이션에서만 컴퓨터가 전면 도입된 것은 아니다. 영화 〈탑건〉(1987년)에서 해군탑재기 톰캣은 실제 항공모함을 사용했다. 리들리 스콧Ridley Scott 감독은 실제 항공모함에서 전투기가 이착륙하는 장면을 멋있게 보여준다는 조건으로 미 해군의 전격적인 지원을 받았다. 그로부터 10년 쯤 지나 1996년에 개봉한 영화 〈인디펜던스 데이〉에서는 더 이상 미 군부의 도움 없이 미니어처와 그래픽으로 이 문제를 처리할 수 있게 되었다. 〈탑건〉같이 실제 장비를 운용하면서 촬영한다면 슈퍼히어로들이 대거 등장하는 〈어벤져스〉 시리즈는 아예 만들 수가 없다.

　　디지털의 등장은 예전에는 상상하기 어려웠던 일들을 구현하기도 하지만, 각 분야에서 인간의 노동력을 대체하는 효과를 만들어낸다. 기존의 논쟁은 두 가지다. ① 디지털 전면화로 없어지는 고용이 더 많을 것인가, 아니면 새로 창출되는 고용이 더 많을 것인가? 산업혁명이나 인터넷 도입 등 기존의 변화에서는 새로 창출되는 고용이 더 많았는데, 인공지능의 경우도 그럴 것인가가 문제다. ② 자본주의가 제어할 수 없을 정도로 실업이 늘어난다면 기본소득을 전면화해야 하는 것 아닌가? 2016년 인간과의 바둑 대결에서 알파고가 승리한 후 스위스에서는 매달 300만 원을 지급하는 기본소득안이 국민투표에 부쳐졌지만, 76.9퍼센트의 반대로 통과되지 않았다.

　　디지털 경제는 인공지능 도입 효과나 로봇의 전면화 등 일련의 현상을 분석한다. 팬데믹 경제는 사람과 사람의 대면 접촉이 최소화된 상황에서 발생하는 현상을 분석한다. 디지털 경제와 팬데믹 경제는 원칙적으로는 별 상관이 없지만, 현실에서는 같은 방향의 힘으로 작용한다. 만약 코로나 팬데믹이 50년 전에 발생했다면? 한국의 경우는 박정희 군사정권 시절인데, 방역 당국과 의사와 간호사보다는 군인을 더 많이 보게 되었을 것이다. 그리고 국경 통제는 엄청나게 강화되었을 것이다. 사회적 혼란은 지금보다 훨씬 심했을 것이고, 감염의 위험에도 불구하고 움직여야 하는 필수 요원들이 더 많았을 것이다. 지금은 군인들의 자리를 상당 부분 디지털이 대체하고 있다. 모든 팬데믹과 모든 디지털화가 반드시 같은 효과를 갖는 것은 아니지만, 2020~2021년 상황에서는 두 가지가 한 방향으로 가고 있다. 팬데믹이 디지털 경제의 전면화를 촉진하고 있다. 디지털 경제의 전면화에서 발생하는 부작용을 최소화하는 것, 그리고 팬데믹 경제로 인해 발생하는 노동 분야의 피해를 줄이는 것이 현재로서는 같은 방향이다.

이 상황을 더욱 어렵게 만든 것은 서열을 넘어 계급으로 느껴질 정도로 분화되어버린 한국 노동시장의 기형적 구조다. 정규직과 비정규직 문제는 이미 구조화된 분화다. 여기에 분명히 노동자인데도 이른바 '노동자성'을 인정받지 못해서 4대 보험 등 일하는 사람들이 누리는 기본적인 권리를 보장받지 못하는 택배 기사나 학습지교사 등 특수고용직이 존재한다. 배달 전문 라이더나 대리운전 기사 등 앱이나 SNS 등의 스케줄링을 통해서 일감을 받는 플랫폼 노동자들이 존재한다. 통계로도 잘 잡히지 않는 프리랜서가 존재한다. 노동정책의 사각지대에 있는 노동자들을 일일이 열거하자면 숨이 찬다.

정규직과 비정규직 노동자는 월급으로 임금을 받지만, 특수고용 노동자, 플랫폼 노동자, 프리랜서 등은 임금 형태로 소득을 올리지는 않는다. 편의상 비임금 노동자라고 표현하는데, 이들에 대해서는 통계는 물론 정부 관리체계도 채 정비되지 않은 상황이다. 현재로서는 국세청에서 사업소득 신고를 통해서 파악하는 것이 그나마 정확한 실정이다. 2019년 기준으로 비임금 노동자는 669만 명 정도인데, 1년 사이에 약 56만 명이 늘었다.*

　이런 비임금 노동자들은 원래도 한국 경제에서 취약한 처지다. 우리나라는 노조가입률 자체가 11.8퍼센트로 낮은 데다가 대기업·공공부문 중심이라서, 소규모 기업이나 비정규직 노조는 매우 취약하다. 플랫폼 노동이나 프리랜서 쪽으로 오면 상황은 더욱 열악해진다. 미국은 분야별로 일종의 노조인 길드를 조직해 프리랜서들이 스스로를 보호한다. 대표적으로 2007년에 동부와 서부의 작가 길드가 저작권료 인상을 놓고 총파업을 벌여서 TV 방송과 드라마 방영이 중단된 적이 있다. 한국은 작가들의 파업 같은 건 꿈도 못 꾸는 상황이다.

　최근 출산휴가와 관련해서는 별도의 고용보험에 가입하지 않은 프리랜서도 소득증명 조건으로 통상임금 수준에서 출산휴가급여를 받을 수 있게 제도가 정비되는 중이다. 점진적으로 제도를 정비하는 방향은 맞는데, 변화 속도가 워낙 빠른 플랫폼 노동이나 사회에서 큰 관심을 받지 못하는 프리랜서들의 노동은 여전히 불완전

---

*　장혜영 의원실 국감자료.

하고 차별적인 요소가 많다. 하다못해 계약서를 쓰는 기본적인 절차조차 지켜지는 경우가 드물다.

팬데믹 상황에서 방역 단계가 격상될 때 임금 노동자들은 월급을 받지만, 비임금 노동자들은 배달 노동 등 현실적 필수 노동인 경우를 제외하면 소득이 사라진다. 특수고용직과 프리랜서에 대해서는 재난지원금이 지원되기는 하는데, 이마저도 간헐적이고 금액이 50만~100만 원 수준으로 실제 소득이 줄어든 사람들의 생활을 지원하기에는 미미하다.

앞으로 디지털화와 외주화가 강화되면서 프리랜서들이 점점 늘어날 전망이다. 팬데믹과 상관없이 움직일 수 있는 온라인 분야도 있지만, 프리랜서의 상당 부분은 정부 행사나 교육 혹은 공연 등과 관련되어 있어서 거리두기 단계가 높아지면 자동으로 일이 사라진다. 같은 노동자지만, 비임금 노동자들에게는 팬데믹 상황이 조금 더 가혹할 수 있다. 재택근무가 아니라 그냥 '재택' 중인 경제활동인구에 대해서 대책이 필요하지 않을까?

비임금 노동의 경우, 제일 먼저 손댈 문제는 통계 및 분류체계 정비다. 세계적으로 프리랜서 등 특수한 형태의 비정형 노동이 증가하면서 국제노동기구(ILO)에서도 분류방식을 재정비하는 중이다. 얼마나 많은 인구가 어느 분야에서 일하는지, 더 많은 통계를 확보하는 것이 정책의 출발이다.

그다음에 필요한 것은 표준계약서를 도입하고, 프리랜서 수입을 국가관리 회계시스템 등을 통해 공식화하는 것이다. 비임금 노동이 지하경제는 아니다. 노동자가 종합소득세를 내거나 법인들이 노동자에게 지출한 돈을 세금 처리하면서 어차피 드러나게 된다. 국가관리 회계시스템을 통해 현금으로 오간 거래가 노출되면서 세금이 좀 늘어날 수는 있는데, 지하경제나 탈세를 처음부터 기도한 것이 아니라면 크게 문제가 되지 않을 것이다. 물론 개인으로서는 매번 수입을 국가관리 회계시스템에 입력하는 것이 귀찮기는 할 테지만, 정부의 지원을 받는 곳은 모두 이렇게 움직인다. 하다못해 사립유치원들도 국가관리 회계시스템인 '에듀파인'을 사용한다. 국가가 비임금 노동자를 지원하려면 조금 더 공식적인 장치가 필요하다.

법적 통계와 투명성 확보를 위한 회계시스템이 정비되면 정책 설계를 위한 기반이 마련된다. 어느 분야에 어떤 식으로 지원해야 할지 논의할 수 있게 된다. 이러한 과정을 통해서 분야별로 대표자 회의를 마련하고, 분야별 교섭을 위한 제도적 장치들을 구축해나갈 수 있다. 비임금 노동자들을 보호하는 방식에는 임금협상만이 아니라 수많은 불공정에 대한 제도적 개선이 포함될 수 있다.

비임금 노동자의 저임금 문제 해법으로는 일반적으로 최저임금제와 근로장려금Earned Income Tax Credit(EITC)이라는 두 가지 장치가 사용된다. 일하는 시간이 아니라 결과물을 기준으로 대가를 지급받는 프리랜서의 경우는 본 노동 이전의 준비시간 등을 계측하거나 표준화하기가 쉽지 않아, 시간 단위로 책정되는 최저임금제보다 근로장려금 쪽이 좀 더 적합하다. 정치적 측면에서도 근로장려금 쪽이 반대가 더 적다. 한국의 보수는 전통적으로 최저임금제에 대해서는 불만이 많았다. 근로장려금은 최저임금 인상 대신에 저임금에 대한 복지 장치로 MB 시절인 2009년에 아시아 최초로 도입되었다. 이미 10년 이상 운용해서 어느 정도 안정된 제도이고 성과도 있다. 근로장려금을 위해 종합소득신고를 하게 하면서 저소득 계층에 대한 소득 파악이 이루어지는 부수적 효과도 발생했다.

지금도 프리랜서를 포함한 저임금 노동자들은 업종이나 고용 형태에 상관없이 이 제도의 도움을 적게나마 받고 있다. 홀벌이 가구 기준으로 연봉 3,000만 원 미만은 연 260만 원 내외, 맞벌이 가구 기준으로 연봉 4,000만 원 미만은 연 300만 원까지 지급된다. 중산층 프리랜서의 경우는 소득 기준이 부합하더라도 재산이 2억 원을 넘으면 근로장려금 대상이 아니다. 아르바이트 노동자들도 이 제도를 이용할 수는 있는데, 소득이나 재산을 개인이 아니라 가계 합산 기준으로 평가해서 현실적으로 도움을 받기 어려운 경우가 많다.

처음 이 제도를 도입한 취지는 한계 상황에 몰린 가정이 국가의 복지에만 의존하지 않고 좀 더 적극적으로 근로 의욕을 갖도록 하자는 것이었고, 그래서 생산적 복지welfare to work라는 거창한 이름으로 불렸다. 나름대로 자본주의 체계에 잘 안착한 제도다. 우리나라에서도 사람들이 엄청나게 주목하지는 않지만, 실익과 성과를 내며 잘 자리 잡고 있다. 디지털 경제와 팬데믹 경제에 맞추어서 저소득 비임금 노동자들의 틀에 맞게 이 제도를 정비하는 것이 처음 도입된 취지와 그렇게 어긋나지 않는다.

예를 들면 프리랜서 근로장려금이라는 이름으로 별도 카테고리를 운영하면서 자산 기준을 조금 더 완화하고 연소득 상한선을 조금 더 올리면, 최저임금을 적용하기 어려운 특수노동에 대한 보완 장치로 작동할 수 있다. 국가회계시스템 내에서 움직이면 소요 예산 파악이나 부정 수급에 대한 논란도 훨씬 줄어들 것이다.

이렇게 운영하다가 팬데믹 상황이 오면 따로 소득 감소를 신고하거나 증빙할 필요 없이 바로 소득 변화를 정부가 파악할 수 있다. 지원 총액에 대한 예산 규모만 정부에서 결정하면, 바로 다음 날이라도 계좌로 입금이 가능하다. 프리랜서라는 특수한 직종이 지하경제와 동의어는 아닌 만큼, 투명성을 높이고 관리예측성을 높이는 것이 부당하게 노동권을 침해하거나 정부의 권한을 늘린다고 보기는 어렵다.

중장기적으로 기본소득 등 미래의 노동에 대한 논의가 물밑에서 활발하다. 거기에는 높은 수준의 사회적 합의가 필요하다. 그에 비해 디지털화와 함께 주변부화되어가는 특수고용 노동자와 프리랜서에 대한 보호는 훨씬 더 시급하다. 노동 전체에 대한 대안과 사회적 합의를 기다리기에는 시간이 너무 많이 걸린다. 팬데믹의 주기성을 생각한다면, 먼저 제도화할 수 있는 것들은 빠르게 추진하는 게 좋을 것 같다. 노동자 사이에서도 팬데믹 충격이 균일하지 않다. 정규직 노동 바깥에 존재하는 노동자들에게는 디지털 경제의 충격을 줄이는 일과 팬데믹 충격을 줄이는 일이 같은 방향이라는 점이 중요하다.

5. 문화경제의 미래

팬데믹에 의한 경제적 충격이 자영업자, 프리랜서를 비롯한 비임금 노동자 다음으로 큰 분야로 문화 분야를 거론할 수 있다. 문화도 경제의 한 분야인가? 1959년 프랑스가 처음으로 문화부를 만들면서 앙드레 말로^{Andre Malraux}가 문화부 장관이 되었다. 그 이후로 프랑스에서는 문화에 대한 권리, 일종의 문화향수권이 국민의 중요한 권리로 여겨지면서, 많은 나라가 이상적으로 생각하는 문화예술 분야 노동자에 대한 지원책이 '앙테르미탕^{intermittent}'(휴지기)이라는 이름으로 잘 마련되어 있다. 그런 프랑스도 팬데믹 이후 앙테르미탕 제도에 대한 대대적인 보수작업을 시작했다. 문화예술인을 대상으로 한 일종의 실업급여인 앙테르미탕은 예술가가 수입이 없을 때 최장 6개월 실업급여 수급을 기준으로 설계되었는데, 실제 팬데믹은 6개월을 훨씬 넘기게 된 것이다.

언어와 문화 그리고 시장 규모가 결합되면서 '문화 시장'이라는 독특한 영역이 형성된다. 세계 공용어가 된 영어와 3억 3,000만의 인구를 기반으로 하는 미국 시장은 문화 영역에서 국내적으로나 세계적으로나 이미 그 자체로 큰 문화 시장을 형성한다. 프랑스어를 사용하는 프랑코폰 인구 6,500만을 기반으로 하는 프랑스의 문화 정책은 미국에 밀리지 않고 자국 시장을 만들겠다는, 일종의 프랑스식 민족주의를 배경으로 한다. 2차 세계대전의 영웅이자 보수적 장군이었던 드골Charles De Gaulle이 집권한 시대에 문화 정책의 기본 틀이 생겨난 이유다. 미국이 문화 정책에서 자유방임 스타일이라면, 프랑스를 비롯한 유럽은 국가가 적극적으로 개입해 문화 시장을 조성하는 경향이 강하다. 프랑스 정도 되는 큰 나라도 자국 문화 시장을 유지하기가 쉽지 않은데, 더 작은 나라들이야 오죽하겠는가.

모든 나라가 드라마를 만드는 것은 아니다. 예산이 상대적으로 저렴한 시트콤이 아닌, 자본이 투입되어야 제작할 수 있는 드라마 시리즈는 경제력이 뒷받침되는 나라에서만 만들어진다. 미국, 영국, 일본은 대작 드라마로 유명하지만, 모든 나라가 그렇게 드라마를 만들지는 않는다. 영화도 마찬가지다. 한때 할리우드와 함께 초창기 영화 시장의 주요 축이었던 멕시코 등 중남미 국가들은 현재 영화산업의 기반이 붕괴되었다. 모국어로 소설을 읽고 시를 읽는 것도 모든 사람이 누릴 수 있는 일은 아니다. 모국어가 없으면 없는 거고, 사라지면 그냥 사라지는 것이다.

문화 분야는 선진국이 될수록 강해지는 경향이 있고, 특히 청년들에게 희망 직종이다. 30년 전에 가수나 화가 혹은 배우는 어른들이 선호하는 직업은 아니었다. 더 많은 청년이 문화 분야에서 일하기를 희망하는 것은 전형적인 선진국 현상이라고 볼 수 있다. 그렇지만 정책 담당자를 비롯한 경제 분야 의사결정자들에게 아직 문화 분야는 우선순위가 그렇게 높지 않다.

유사한 현상이 팬데믹에서도 관찰된다. 코로나 국면에서 사무직은 재택근무로 전환되기도 했지만, 공장은 멈춘 적이 없다. '세계의 공장'으로 밤낮없이 돌아가던 시절에 대한 노스탤지어가 아직도 고위직에게는 남아 있다. 그러나 극장과 전시장은 멈췄다. 공장이 서면 생산이 정지하듯이, 극장이 서면 문화 분야 역시 생산을 멈춘다.

문화 분야에서 예외적으로 웹툰·웹소설·게임산업 등 온라인 특화 매체 일부는 호기를 맞았다. 웹툰은 팬데믹 영향으로 좋아진 대표적인 분야다. 웹툰은 온라인에서 비대면으로 공급되는 서비스라서 팬데믹의 영향을 크게 받지 않는다. 코로나가 전 세계에 충격을 준 2020년 상반기 기준으로 60.5퍼센트의 웹툰 사업체가 국내 매출이 늘었고, 71.9퍼센트의 업체는 해외 매출이 늘었다.[*] 영화와

---

[*] 콘텐츠진흥원, 2020년 웹툰 사업체 실태조사.

드라마의 1차 판권으로서 웹툰의 영향력도 점점 강화되는 추세다. JTBC 드라마 〈이태원 클라쓰〉에서 OCN 드라마 〈경이로운 소문〉에 이르기까지, 웹툰이 원작으로 사용되는 경우가 점점 늘어나고 있다.

그러나 온라인 바깥으로 나오면 문화 시장은 처참하다. 문화 산업, 특히 공연·전시와 관련된 분야들은 엄청난 충격을 받았다. 2020년 연극, 뮤지컬, 클래식, 오페라, 무용, 국악 등 국내 모든 공연의 입장권 판매액을 합산한 공연 매출은 총 1,732억 원으로, 예년의 40퍼센트 수준이다.** 영화의 경우는 극장 매출액이 전년 대비 73.3퍼센트 감소한 5,104억 원을 기록했다. TV VOD와 OTT 등을 포함한 극장 외 매출액도 11.4퍼센트 감소한 4,514억 원이다.*** 영화관만 기준으로 하면 정규직 직원은 15.9퍼센트가 줄었고, 비정규직은 70.2퍼센트가 줄었다. 다만 영상 콘텐츠 소비 시간은 좀 늘었다. 팬데믹 이전에는 영화 장르별 하루 이용 시간이 84.0분이었는데, 팬데믹 이후에는 104.5분으로 24.4퍼센트 증가했다.

문화경제 영역에 공연과 전시 등 1차 생산만 있는 것은 아니다. 학교와 각종 문화센터 등 많은 분야에서 사회 교육의 일환으로 문

***

** 예술경영지원센터 공연예술통합전산망.

*** 영화진흥위원회.

화 교육을 진행하는데, 이런 교육서비스를 문화의 2차 생산으로 이해할 수 있다. 스포츠가 엘리트 스포츠와 대중 스포츠로 구분되듯이, 전문 예술가만 문화 영역에 속하는 것이 아니라 직접 참여하고 활동하는 아마추어도 문화 분야에서 중요한 기능을 한다. 문제는 이렇게 사회 교육과 문화 경제가 중첩되는 분야에 대해서는 제대로 된 집계도 거의 없고, 관리하는 주체도 불투명하다는 것이다. 문화부 내에서도 문화 영역과 체육 영역이 각각 차관을 중심으로 별도의 정책으로 운영되고 있다. 각 지자체에서 문화와 체육에 걸친 교육 인력을 통합적으로 관리하고 통계라도 만들 수 있는 본부 규모의 조직이 필요할 것 같다. 사회는 이미 문화 교육을 미래 시민에게 중요한 항목으로 생각하는 흐름으로 가고 있는데, 행정이 이러한 변화를 못 따라가는 중이다. 팬데믹 때문이 아니더라도 장기적으로 이런 시민 문화 교육 체계가 필요하다.

2020년 말부터 시행되기 시작한 예술인 고용보험 등의 제도로 예술인의 경제적 여건이 조금씩 개선되는 중이기는 하다. 하지만 예술인 중 76퍼센트가량이 프리랜서인 상황이라, 일단 어디엔가 소속되어야 작동하는 고용보험 방식은 현실적인 효과가 그렇게 높지는 않다.* 프랑스의 '예술인의 집Maison de Artistes'에 해당하는 한국예술인복지재단이 존재하기는 하지만, 예산이나 활동 면에서는 많이

---

* 　문화체육관광부, 2018년 예술인 실태조사.

부족하다. 무엇보다도 예술인 고용보험은 2020년 12월부터 시행된 제도라서, 이번 팬데믹 기간에는 당장 실효성을 발휘하기가 어렵다. 게다가 실업 이후 최장 270일간 보호받을 수 있는 제도라서, 1년 이상 진행되며 아주 오랜 기간 영향을 주는 팬데믹의 경우에는 추가로 보완이 필요하다.

팬데믹 기간이 6개월인가, 1년인가, 혹은 2년인가? 이 기간에 따라 문화 분야에 미치는 충격은 아주 다를 것이다. 팬데믹에 대처하기가 어려운 것은 전체 기간을 예상할 수 없기 때문이다. 6개월 정도면 부분적 충격이겠지만, 1년이 넘으면 극장이 버티기 어려워져서 영화 생태계 전체가 정상으로 회복되기 어려운 상황이 될 수 있다. 2년 혹은 그 이상이 된다면? 전면 셧다운 상황은 아니더라도, 안 그래도 취약한 문화 관련 기업이나 극단 등 구심점 역할을 하는 주요 기관들은 더 이상 버티지 못한다. 국가나 지자체로부터 재정 지원을 받는 일부 공공부문을 제외한 민간 영역의 문화 기구들은 사라지게 된다.

만약 제조업 등 경제의 다른 영역에서 이런 일이 벌어진다면 훨씬 더 많은 관심을 받고 정부에서도 적극적으로 대책을 강구하겠지만, 여전히 문화 영역은 사회적 우선순위가 낮다. 한류 등 수출과 관련된 이슈가 있을 때만 잠시 관심을 두는 분야다. 그렇지만 문화의 핵심은 전체 규모나 총매출액 같은 정량적 수치가 아니라 다양성같이 눈에 잘 보이지 않는 변수들이다. 검열을 줄이고 행정의 부당한 간섭을 줄여야 하는 것은 인권과 원칙의 문제일 뿐 아니라 그렇게 해야 다양한 시도를 늘릴 수 있기 때문이다.

좀 더 현실적인 이야기를 해보자. 공연을 온라인으로 전환하는 것은 불가능한가? 온라인에서 각종 공연의 접근성을 높이는 것은 좋은 일이지만, 그렇게 기술적 장치를 동원할 수 있는 것은 대형 극단 일부다. 전통과 상업성을 잘 결합한 세계적 성공 사례로 거론되던 캐나다의 공연단 '태양의 서커스'는 2020년 6월 1조 9,000억 원의 채무를 감당하지 못하자 파산보호 신청을 하고 직원 3,500여 명을 일시 해고했다. 다행스럽게도 캐나다 퀘벡주의 긴급 수혈 및 채권자들과의 성공적인 협상으로 11월에 파산 상태에서 벗어났다. 이에 약 3,600억 원의 긴급 자금이 동원되었는데, 퀘벡주가 그중 3분의 2가 넘는 2,500억 원 가까이 투자했다. 코로나로 줄어든 상태이기는 하지만, 2020년 우리나라 영화·공연 분야 연 매출액이 1,732억 원이다. 우리나라 문화예술 분야에 정부가 긴급히 사용하는 돈은 태양의 서커스를 살리기 위해 퀘벡이 쓴 것에 비할 수준이 아니다.

다른 공연예술도 비슷하지만, 연극의 경우는 극장 관객 70퍼센트 수준에서 손익분기점이 나오도록 공연 설계를 한다. 한 자리씩 거리두기를 하면 티켓이 매진이더라도 최소 기준에서 20퍼센트가 부족하다. 이 경우 공연은 하면 할수록 손해를 보게 된다. 지원금을 계산한다면 만석을 기준으로 티켓의 20퍼센트를 보조해주면 딱 손익분기점이 된다. 2020년을 기준으로 하면 346억 원이다. 거리두기 단계에 따른 입장객 수와 70퍼센트 수준의 손익분기점은 기계적으로 계산 가능하다. 격리 수준이 높아져서 극장이 완전히 문을 닫으면, 예컨대 좌석 수의 50퍼센트에 해당하는 티켓 가격을 보상한다는 별도 기준도 마련할 수 있다. 이렇게 해도 1,000억 원이 넘지 않는 예산 규모에서 공연장 거리두기 운영과 수익성 사이 절충점을 찾을 수 있다.

영화의 경우도 유사한 방식을 설계할 수 있다. 팬데믹 이전인 2019년 한국 영화 극장 매출액은 9,708억 원이다. 한국에서 제작되는 영화에 대해서, 그리고 재개봉이 아닌 신작 중심으로 좌석 수의 20퍼센트에 해당하는 티켓 가격을 지원한다고 하면 예산이 그렇게 많지 않다. 그리고 지원액 상한을 한 해 동안 제작되는 한국 영화 총제작비의 60~70퍼센트 정도로 정하면 특정 영화에 지나치게 많은 지원이 가게 될 위험을 줄일 수 있다.

정확한 계산은 아니지만, 영화 분야에 1,000억 원, 다른 공연예술 분야에 1,000억 원 정도 지원할 경우 사회적 거리두기를 유지하고 상황에 따른 탄력적 운영을 하면서도, 제작자나 극단이 모든 경제적 손실을 감당해야 하는 최악의 상황은 피할 수 있을 것이다. 공연이 손익분기점에 도달하면 배우나 스태프 등의 인건비와 대관료 등은 정상적으로 집행이 가능하다.

팬데믹 상황이 비상 상황이기는 하지만, 그 기간도 길고 1회성으로 끝나지 않을 가능성이 높다. 팬데믹 상황에서 극장 공연에 대한 보상 메커니즘을 정책적으로 설계할 필요가 있다. 다른 분야에는 수조 원씩 사용하는데, 문화경제의 의미가 그것보다 적다고 누가 말할 수 있겠는가?

만화 《공포의 외인구단》의 작가 이현세가 얼마 전 인터뷰에서 이런 이야기를 했다. 팬데믹 시기에 딱 맞는 말이라고 생각한다.

시장이 커지면서 누구든 돈벌이 수단으로만 접근하고 있는데 하나의 예술로서 만화의 가치를 지원해야 하는 게 무엇보다 정부의 역할이다. 배고픈 예술가, 가난한 창작자들도 살아남을 수 있어야 산업 생태계가 더 오래 유지되는 법이다.[*]

* "만화가 이현세 '한국에서 가장 다양한 만화 그린다는 게 내 자부심'", 〈경향신문〉, 2021년 3월 6일자.

6. 팬데믹의 흔적,
폐플라스틱과 폐비닐

음식물쓰레기 봉투는 늘 미스터리 가득한 존재다. 과연 이건 어디로 가서 어떻게 처리될까? 예전에 음식물쓰레기 봉투에 이쑤시개를 넣지 말라는 캠페인이 한창 유행한 적이 있었다. 돼지가 이쑤시개 먹으면 큰일 난다는 거였다. 그 시기에도 상당량의 음식물쓰레기는 소각 처리되었다. 이후 음식물 쓰레기를 퇴비 등으로 자원화하는 시설이 도입된 지자체도 일부 있고, 여전히 소각하는 곳도 있다. 사료로 사용되는 경우도 전혀 없지는 않았는데, 아프리카돼지열병 이후로 잔반 사료는 금지되었다.

그러면 플라스틱 쓰레기는? 2018년 중국이 플라스틱 등 폐기물 반입을 금지했다. 우리나라에서도 난데없는 쓰레기 대란이 벌어졌다. 2016년까지는 우리도 해양 폐기를 했다. 그 후로는 외국이나 바다에 폐기물을 버리는 '폐기물 악당 국가'에서 점진적으로 벗어나는 중인데, 국토 내에서 그 문제를 풀어야 하는 부담은 점점 늘어나고 있다. 그렇지만 지역 내에서 자체적으로 이 문제를 푸는 것은 아니다. 특히 서울은 주요 폐기물을 인천에 있는 수도권 매립지에서 처리하고 있다. 수도권 매립지는 2025년까지만 사용하기로 약속이 되어 있는데도 별다른 대응 없이 그냥 시간을 흘려보냈다. 원래는 수도권 매립지에 여유가 있었기 때문에, 서울시는 그냥 시간을 끌다가 매립지 사용 연장에 합의하는 안을 염두에 두었을지도 모른다. 이미 2016년까지 사용하기로 했던 것을 9년 연장한 터라 이번에도 같은 방식으로 버틸 수 있으리라고 생각한 것도 무리는 아니었다. 그런데 팬데믹 한가운데서 인천시가 2025년 종료 시점에 연장은 없다는 발표를 했다. 그리고 수많은 사회 이슈 중에서 폐기물 문제가 우선순위로 튀어나오게 되었다.

팬데믹과 함께 쓰레기, 특히 1회용품 폐기물이 늘어났다. 환경부 자료에 따르면 2020년 상반기 기준 비닐은 11.5퍼센트, 플라스틱은 15.6퍼센트 증가했다. 택배가 늘면서 택배 포장재도 늘어났고, 카페 등에서 사용하던 컵도 팬데믹 이후 다시 1회용 종이컵으로 바뀌었다. 처리할 방법은 없는데, 폐기물은 계속 늘어나고 있다.

전체적으로는 재사용과 재활용을 늘리면서 쓰레기 자체를 줄이고, 매립보다는 소각을 늘리는 방향밖에 없는데, 당장 시행하기가 쉽지 않은 대책들이다. 구조적 문제점들도 존재한다. 예를 들면 배달음식 용기는 현재 거의 1회용품이다. 용기 자체가 세척이 쉽지 않고, 고열로 밀착 압축시켜서 분리도 쉽지 않다. 1회용품은 생산자 책임 재활용제가 시행되고는 있는데, 배달용품은 제외다. '배달의 민족' 같은 경우는 직접 운영하는 '배민상회'에서 포장용기를 만든다. 포장재를 친환경 소재로 전환하는 데는 적극적이지만, 1회용기를 다회용기로 전환하는 데는 그다지 적극적이지 않다. 당연한 이야기다. 매번 용기를 파는 데서 발생하는 이윤을 다회용기가 어떻게 따라가겠는가?

중국집에서 짜장면을 배달시켜 먹고 나면 비닐 랩 일부를 제외한 그릇은 다시 회수해간다. 다른 음식점도 그렇게 할 수는 없는 걸까? 소규모 매장의 경우는 용기를 보관할 공간이 부족하다고 호소한다. 그렇지만 작은 중국집도 그릇을 회수하는데, 매장 규모를 평계로 계속 1회용기를 쓴다는 것은 말이 안 된다. 위생 관련 많은 규정이 그렇듯이, 다회용기를 세척하거나 보관할 공간이 있어야 음식 배달업을 할 수 있도록 허가 기준을 정비하면 된다.

물론 중국집의 경우는 자체 배달을 하니까 배달과 회수가 동시에 이루어지지만, 배달 주문이 있을 때만 라이더를 호출하는 지금의 배달앱 시스템에는 용기를 회수할 수 있는 장치가 없다. 저렴한 배달 비용에는 왕복이 아닌 편도 금액만 계산되어 있고, 그 대가가 포장 폐기물로 인한 쓰레기 대란인 셈이다. 그런데 이 문제에 대해서도 시스템을 만들자면 불가능한 것은 아니다. 배달은 신속해야 하지만, 회수는 정시에 이루어질 필요가 없다. 음식을 다 먹은 사람이 '회수 가능'을 앱에서 알려주면 그 지역을 한꺼번에 돌면서 용기를 회수해도 문제가 없다. 그러면 그만큼 1회당 회수 비용이 줄어들게 된다. 기술적으로 불가능한 것이 아니고, 정책의 우선순위가 떨어져서 그냥 두고 있는 것이다. 하지만 이는 팬데믹을 거치면서 우선적으로 정비할 수 있는 일이다. 중국집에서도 하는데, 이제는 대기업이 된 배달업체들 대상으로 시스템을 만들지 못할 이유가 없다.

한편 플라스틱통에 담긴 기존 제품 대신 소비자가 직접 용기를 가져가 내용물만 담아갈 수 있는 '리필숍'이 등장하면서 새로운 유형의 소비가 생겨나는 중이다. 시민운동의 영역에서 실험적으로 시작한 참이라 아직은 영세하고, 지속가능한 경영 모델도 확실하지는 않다. 소비자들이 이러한 변화에 동참하는 한편에서는, 좀 더 재활용이 쉬운 방식으로 생산자가 용기 디자인 자체를 바꿔야 한다는 목소리도 점점 커지는 중이다. 생산자가 조금 더 적극적으로 개입하면, 마치 생맥줏집에서 배달하는 생맥주 용기처럼 재활용과 리필을 염두에 둔 벌크 제품 방식으로 용기를 생산할 수 있다. 무폐기물, 이른바 제로 웨이스트zero waste로 가기 위해서 필요한 사회적 전환에 팬데믹이 하나의 계기를 만들어줄 가능성이 존재한다.

소비 영역에서 벌어지는 폐기물 줄이기는 정책적 의지가 있으면 기술적 해법을 찾을 수 있는데, 매립장과 소각장 문제는 사회적으로 훨씬 복잡하다. 원칙상으로는 중앙형 시스템 대신 분산형 시스템을 마련해, 구청과 같은 기초자치단체별로 각 지역의 문제는 지역 내에서 처리하도록 하는 게 맞는데, 소각은 그렇게 하기가 쉽지 않다. 일정 규모가 되어야 소각 설비를 고온으로 운전할 수 있고, 그 상태에서 완전연소를 해야 오염물질 발생을 줄일 수 있다. 규모가 갖춰져야 공해 후처리 장치들을 제대로 달 수 있고, 모니터링 등 감시도 보다 용이해진다.

규모의 문제를 해결한다고 해도 입지 선정이 매우 어렵다. 매립지와 소각장, 꼭 필요한 시설이기는 하지만 이를 반기는 주민은 없다. 대표적인 혐오시설이라서 구청장이나 시장이 자기 자리를 걸고 조성을 추진해야 할 정도로 어렵다. 덴마크는 쓰레기 소각과 바이오매스biomass 에너지 등을 난방에 활용해 지역난방 최강국이 되었다. 소각과 바이오매스를 통한 지역난방 시스템이 장기적으로 더 효율적이고, 생태적으로도 더 우수하니 우리도 추진해보자고 하지만, 그건 책상머리에서나 할 수 있는 이야기다. 우리는 폐기물 정책이 폐기물을 보이지 않는 먼 곳으로 보내 은폐하는 방식으로 자리를 잡다보니, 지금은 시민들이 좀 더 적극적으로 참여하고 싶어도 기본 시스템을 정비하거나 업그레이드하기 너무 어려워졌다.

쓰레기 처리 방식에 관해서는 오랫동안 이 분야를 분석해온 홍수열 자원순환사회경제연구소 소장이 해준 이야기가 지금으로서는 가장 현실적 해법이라는 생각이 든다. 음식물 등으로 오염되어 종량제 봉투에 담겨서 나온 비닐이라도 세척 등 처리 과정을 거치면 충분히 재활용할 수 있다고 한다. 또 종량제 봉투 안의 쓰레기를 매립에 앞서 재활용을 하든 소각을 하든 1차 처리하면, 매립해야 하는 쓰레기 분량을 줄일 수 있다. 매립장과 소각장을 당장 늘리기는 쉽지 않지만, 종량제 봉투를 열어서 쓰레기를 분류하고 세척하는 등 재처리를 담당할 시설을 만드는 것은 그렇게까지 어렵지 않다. 기초자치단체별로 지역의 쓰레기를 처리하는 시설을 마련하고, 전체적으로 폐기물 관련 정책을 총괄 지휘할 기구를 만들면 된다. 물론 돈은 들지만, 소각장을 늘리는 것보다는 실행 가능성이 훨씬 높다.

팬데믹 상황에서 폐기물 총량은 늘어나게 마련이다. 그냥 숨을 쉬는 것으로도 하루에 마스크 한두 개씩 폐기물로 버리게 되는 것이 요즘 우리의 일상이다. 사무실에서 점심 먹으러 나가는 대신 배달을 시키면 순식간에 폐기물이 산처럼 쌓인다. 조금 더 효율적이고 체계적인 대책을 세우지 않으면, 기존의 폐기물 처리 시스템이 붕괴하게 된다.

팬데믹이 지나간 후에도 팬데믹의 흔적은 오래갈 것이다. 제대로 처리하지 않은 플라스틱과 비닐은 비가 오면 쏠려 내려가서 결국 바다에 모인다. 기쁨과 슬픔 같은 감정은 시간이 지나면 사라지지만 폐기물은 사람이 사라져도 사라지지 않는다.

7. 서울자본주의 넘어서기 : 팬데믹 이후, 내생적 발전 모델

미국 기업을 시가총액으로 따져보면 10위권 안에서 애플, 마이크로소프트 등 거대 IT 기업과 테슬라, 페이스북 같은 새로운 유형의 기업들이 순위 경쟁 중이다. 전통적인 기업이라면 월마트 정도가 10위권 안에 겨우겨우 버티고 있다. 한국 기업의 경우 10여 년 전에는 시가총액으로 10위권에 새로 등장한 기업이 거의 없었다. 대개 2세가 승계한 재벌과 포스코 같은 공기업들이었다. 지금도 여전히 10위권에 삼성 계열만 삼성전자, 삼성전자우, 삼성바이오로직스, 삼성SDI 네 곳이 있을 만큼 재벌 체계가 강하다. 그렇지만 전통적인 한국 대기업 패턴과는 다른 세 기업인 네이버, 카카오, 셀트리온이 10위권에 새로 들어가 있다. 일본은 토요타자동차가 1위이고, 소프트뱅크와 닌텐도 등이 앞순위에 있다. 최근 구조조정에 성공한 소니도 상위권을 형성하고 있다. 일본은 아직도 토요타와 소니의 나라다. 시가총액만으로 보면, 지난 10년 사이의 변화는 한국이 일본보다 더 역동적이다.

국민경제의 기본 수치나 주요 기업 분포 패턴 등을 보면 이제 한국은 한때 한국 경제의 모델이다시피 했던 일본 경제를 어느 정도는 탈피한 것 같다. '반일', '탈일' 혹은 '극일' 같은 여러 용어가 있었는데, 국민경제의 측면에서는 극일에 더욱 가까운 모습을 갖게 되었다. 1986년에 처음 경제학 수업을 들었는데, 그때 일본은 우리에게 너무 먼 선진국이었다. 팬데믹 이후로 경제의 많은 측면에서 한국이 일본을 추월할 것 같다. 한국에도 팬데믹이 아픈 상처들을 남길 테지만, 행정이 방역을 제대로 소화하지 못한 일본 쪽의 상처가 더 깊을 것 같다.

팬데믹이 남길 많은 흔적 중에서 가장 큰 충격을 꼽자면, 한국 특유의 서울자본주의가 강화되면서, 지역경제의 위기가 더 심화되는 현상일 것이다. 이 과정에서 지역경제가 내리는 선택이 중요해진다. 이는 중앙이 내리는 선택과도 다르고, 산업별로 내리는 선택과도 다르다.

표4-2는 2018년 1인당 지역내총생산을 표시한 것으로, 가장 최근 자료다. 전통적으로 울산이 제일 높으며, 행정수도를 세종시로 이전한 이후로 충청남도가 서울보다 높다. 특별한 생산 기반이 없는 대전광역시, 광주광역시가 낮은 편이고, 부산광역시와 대구광역시가 제일 낮다. 강원도와 제주특별자치도는 중간을 형성한다.

표4-2　　　　　　　**2018년 1인당 지역내총생산 (단위: 10만 원)**

표4-3　　　　　　　**1996년 1인당 지역내총생산 (단위: 10만 원)**

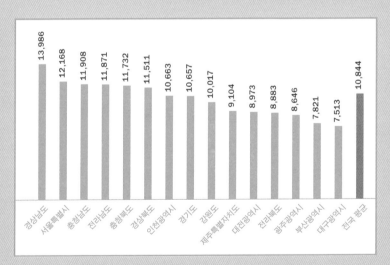

위아래 출처: 통계청

표4-3은 표4-2와 같은 통계이나, 기준 연도는 IMF 경제충격 이전의 상황을 보여주는 1996년이다. 울산이 광역시로 독립하기 이전이라서 경상남도의 순위가 가장 높고, 인천광역시의 순위가 2018년에 비해 1996년에는 좀 높았다. 대부분 지역의 순위는 지금과 큰 차이가 없다.

참고 삼아 1996년과 2018년의 전국 평균 대비 부산광역시 수치의 비율을 보았는데, 1996년 0.721, 2018년 0.711이다. 백분율로 따지면 20여 년 동안 전국 평균 대비 부산광역시의 총생산 비율은 불과 1퍼센트 줄어들었다. 일부러 꿰맞춘 것처럼 수치가 너무 비슷하다.

이 두 개의 데이터가 말해주는 것은, 부산 경제는 IMF 이전인 1996년에도 힘들었고, 팬데믹이 발생하기 전인 2018년에도 힘들었다는 것이다. 1996년은 부산에 짓는 삼성자동차 공장에 기대가 쏠리던 시절이다. 그 후에 DJ와 노무현, 두 번의 민주당 정부가 들어섰고, 다시 MB와 박근혜, 두 번의 보수당 정부가 집권했다. 부산 출신 YS와 노무현 대통령 이후 시대가 돌고 돌아 다시 부산 출신 문재인 대통령이 정권을 잡았다. 그동안 부산에서는 KTX가 개통되었고, 국제영화제가 열렸고, 한국거래소 등 금융공기업 이전이 있었고, 해운대가 개발되었다. 수많은 흥망성쇠가 있었던 것 같지만, 마치 자연비율이 존재하는 것처럼 부산 경제 지표의 비율은 1996년과 같다.

어느 날 갑자기 터진 팬데믹은 계층과 계급에도 충격 효과로 작용하겠지만, 지역별로도 다르게 충격을 줄 것이다. 초기에는 확진자가 신천지교회를 중심으로 대구 지역에서 집중적으로 발생했지만, 전국으로 퍼진 이후에는 서울 등 수도권에서 집중적으로 발생했다. 그렇다면 수도권에 더 많은 피해가 생길까? 그렇지는 않다. 이동량이 줄고 관광 지출 등이 줄면서 지역 관광에 피해가 발생하는데, 이 약간의 차이가 지역경제의 위기를 더욱 고조시킬 것이다. 관건은 이것이다. 그 후 각 지역은 어떻게 대응할 것인가? 경제적으로 어떤 선택을 할 것인가? 이것이 팬데믹으로 인한 직접 피해보다 더 중요한 변곡점을 만들어내게 된다.

2021년 2월 26일 중앙정부가 총출동해서 통과시킨 가덕도신공항 특별법은 미리 본 지역경제의 미래라고 할 수 있다. 특별법이 맞는지 틀렸는지를 따지고 싶은 것이 아니다. 영남권 신공항 입지 선정을 '파리공항공단엔지니어링'이라는 제3의 외부 기관에 맡기자는 게 박근혜 정부 시절의 결정이었고, 그때 김해공항에 추가로 활주로를 만들어서 리모델링하는 게 최적이라는 판단을 내렸다. 최근 그 결정에 대해 총리실이 재검토할 필요가 일부 있다는 기술적 판단을 했다. 이 판단이 김해공항 리모델링 안을 폐기하라는 것인지, 아니면 다른 의미가 있는 것인지 국토교통부에서 법제처의 유권해석을 기다리는 동안 국회에서 특별법이 만들어졌다. 사업의 경제성을 미리 살펴보는 예비타당성조사가 생략될 수 있다는 조항이

들어갔다. 가덕도신공항 말고도 지금 논란의 중심에 있는 공항은 울산공항과 통합하려는 새만금공항 등 여섯 개가 있고, 아마 더 늘어날 것이다.

여기에서 가장 이상한 점은 따로 있다. 경제위기는 지금인데, 그 대책으로 제시된 것이 가덕도신공항 특별법, 빨라야 10년은 걸릴 토건사업이라는 점이다. '8년으로 당기겠다', 사업을 추진하는 측에서는 그렇게 이야기하지만 8년이나 10년이나 장기인 것은 마찬가지다. 그렇게 해서 불리한 자연적 여건과 사회적 우려를 모두 극복하고, 공항 하나를 보고 미래지향적인 신성장 기업들이 공항 인근에 불나방같이 몰려왔다고 하자. 그 지역에서 새로운 기업들이 자리를 잡고 제품을 생산해 실제 왕성한 경제활동을 벌이는 데 다시 3~5년이 더 필요하다. 그것도 모든 일이 순조롭게 이루어진다는 가정하에서 그렇다. 그렇다면 그 15년 동안은?

이와 유사한 과정을 1990년대 일본에서 본 적이 있다. 1980년대 후반 일본 경제는 눈부시게 약진했는데, 엔화 강세와 넘쳐나는 유동성 그리고 국민적 부동산 투기 등의 영향으로 1990부터 '버블 공황'이 시작되었다. 처음에는 '잃어버린 10년'이라고 부르다가 그 후에는 다시 '잃어버린 20년'이라고 불렸다. 그동안에 힘들어진 지역경제에서는 일명 '리조트법'을 만들어서 리조트, 테마파크, 골프장 건설 등 관광으로 할 수 있는 거의 모든 일을 했다. 1970년대에 공항정비특별회계라고 불리는 법 체계를 정비한 터라 지방 공항도 중앙정부의 돈을 사용할 수 있게 되어 있었다. 지역별로 다양한 이유를 만들어서 중앙정부의 돈을 끌어다 공항도 짓고 각종 인프라를 만들었다. 민자도로도 넘쳐나게 되었다. 일본에는 지금 97개의 공항이 있는데, 그중 54개가 지방 관리 공항이다. 이 시절 일본 경제의 구조를 '토건 경제'라고 부른다. 열심히 인프라를 놓았지만, 지금 일본의 지방들은 '지방 소멸'의 시대라고 고통을 호소하고 있다.

지금 한국을 살펴보자. 중앙정부의 행정 능력은 여러 문제가 있어 보일지언정 방역 과정에서 보았듯이 세계 최고 수준이다. 기업들은 그보다 수준이 높고, 규모로 보아도 글로벌하다. 미국처럼 IT 스타트업들이 세계 최상위 기업으로 성장하는 정도는 아니지만, 일본보다는 혁신 기업들이 움직일 공간이 나은 것 같다. 그렇지만 지역경제는 1990년대 버블 공황으로 일본 지역경제가 늪에 빠지던 시절과 구조적으로 아주 유사해졌다.

'서울자본주의'라는 말을 이 시점에서 다시 고민하는 것은, 서울이 한국 자본주의의 핵심에 자리해 모든 이윤을 빨아들이는 불가사리 같은 존재라는 이야기를 하려는 것이 아니다. 강남 부동산이 대한민국 부동산의 최상위에 있음을 다시 환기하려는 것도 아니다. '서울'이란 지역으로서의 서울이라는 의미도 있지만, 그보다는 한국 자본주의가 가진 매우 강력한 중앙형 시스템의 상징이라는 의미가 강하다. 일정한 규모가 되면 한국 자본주의가 중앙형에서 분산형으로, 위에서 결정하는 '톱다운 top-down'보다는 밑에서 많은 것을 알아서 결정하는 '바텀업 bottom-up' 방식으로 변해갈 거라고 많은 사람이 희망했다. 그러나 현실은 그렇게 움직이지 않았다. 중앙은 여전히 많은 것을 결정할 뿐 아니라, 재정 집행을 감독하고 평가하는 장치들을 가지고 지역을 통제한다.

가덕도신공항 특별법을 둘러싼 논쟁은 팬데믹 한가운데에서 지역의 미래가 불투명할 때, 중앙이 중앙으로서 기능하지 않으면 어떠한 일이 벌어질 수 있는지를 우리에게 보여준다. 중앙형 시스템은 중앙이 부패하지 않고 무능하지 않다는 전제하에서 비로소 효과적으로 작동한다. 입법·행정·사법으로 3권을 분리한 것도, 여/야로 정치권력을 분리한 것도 상호 견제를 통해 보다 효율적인 결정을 도출하기 위해서다. 그런데 가덕도 특별법의 경우 중앙, 이 경우에는 국회가 기존의 평가 및 검증에 관련된 법과 절차를 뛰어넘었다. 어떻게 할 것인가?

마키아벨리 Niccolò Machiavelli 의 《군주론 Il Principe》은 자애롭고 공평무사한 절대군주는 이제 존재하지 않는다는 근대적 사유관을 보여준다. 선거와 집권 앞에서 경제적 효율성과 타당성 같은 것은 잠시 옆으로 비켜난다. 일종의 시스템 오류가 나타난다. 일본이 오랫동안 그랬다. 근본적인 오류가 계속되고 내부에서 문제점을 지적하는 힘이 점차 사라져가자, 오래된 시스템이 새로운 시대에 적응할 기회를 잃어가게 된 것 아닌가? 일본은 2021년 도쿄올림픽에 사활을 걸었다. 일본만 한 크기의 경제에서 고작 올림픽 하나에 시스템의 업그레이드를 위한 모든 것을 걸었다는 게 상상이나 되는가?

팬데믹 한가운데서 서울자본주의는 지역이 토건사업으로 가는 길을 활짝 열고, 중앙은 여야 할 것 없이 스스로 견제하고 불균형을 시정할 힘을 잃었다. 서울은 이미 인구 자체가 줄어드는 노회한 도시가 되어가고 있지만, 중앙이 돈과 자원을 틀어쥐고 적당히 분배하는 시스템은 점점 강해진다. 가덕도신공항 특별법이 미리 보여준 미래는 그런 것이다.

일정 규모 이상의 선진국 중 한국과 같은 중앙형 시스템을 가진 나라는 없다. 미국, 독일, 스웨덴이 대표적 연방제 국가이고, 꼭 연방제가 아니더라도 주정부나 지역이 상당한 권한을 가지고 스스로 결정한다. 한국에서 연방제는 개헌을 해야 할 수 있는 제도이고, 향후 한동안 개헌은 여러 정치적 이유로 쉽지 않다. 그렇지만 헌법을 고치지 않더라도 정부 운용 측면에서 지역의 권한을 확대하는 방식으로 운용할 여지는 존재한다.

국토교통부와 보건복지부에서 실제 지역사업을 운용할 때 필요한 예산 기능은 지역으로 보내고, 중앙에는 기획과 조율 기능만 남길 수 있다. 한국전력공사나 한국토지주택공사(LH) 등 중앙형으로 움직이며 정부 기능을 수행하는 공기업들도 분할해서 지역사업 본부 형태로 분사할 수 있다. 지역별 분산을 원칙으로 하고, 국방과 외교 등 중앙정부의 기능이 반드시 필요한 분야만 청와대 중심의 중앙 행정부에 남기는 개혁을 할 수 있다. 그렇게 예산과 권한을 지방정부로 전환하는 준연방제 수준의 변화가 우리가 다음 단계로 넘어가기 위해 필요한 개혁의 방향이라고 생각한다.

중앙이 잠시 맡고 있는 것에 불과한 중앙 예산을 지역으로 과 감히 넘기고, 그 예산을 복지에 쓰든 교육에 쓰든 혹은 토건에 쓰든 이제 지역에서 알아서 결정해도 되는 수준에 우리가 이르지 않았는가? 지방자치제의 목표가 원래 그런 것이었는데, 중앙부처가 권한을 내려놓으려고 하지 않아서 오랫동안 지체되었을 뿐이다. 그런데 지역의 주머니가 따로 있고 중앙의 주머니가 또 따로 있으니까 지역에서는 중앙에서 돈을 더 받아내려 하는 것, 그게 현재 국책사업이 작동하는 메커니즘이다. 그러니까 도지사나 시장이 삭발하는 일도 벌어지고, 지방정부 고위직들이 국회나 각 행정부에 문이 닳도록 돌아다니는 것 아니겠는가. 지역에 돈을 나눠 주면 토건사업만하는 거 아니냐고? 권한과 책임을 동시에 주면 좀 더 효율적일 수 있다. 그게 대의민주주의가 작동하기 위한 기본 전제다. 중앙형 시스템에서 분산형 시스템으로, 즉 지역민주주의라는 다음 단계로 우리는 넘어가야 한다.

유사한 논의가 제주특별자치도를 만들 때 있었다. 쟁점은 환경부 장관에게 있던 환경영향평가 승인권을 제주도지사에게 부여하는 것이었다. 그렇게 하면 제주도는 난개발로 온통 망가질 것이라고 반대가 많았다. 우여곡절 끝에 2007년부터 제주도는 특별자치도가 되었는데, 제주2공항이나 제주해저터널 등을 둘러싼 수많은 논란에도 불구하고 초기에 사람들이 우려했던 것보다는 나름대로 균형을 찾아서 운영되고 있다. 다른 지역도 일정한 권한을 실제로 가지게 되면, 그 안에서 지금과는 질적으로 다른 시민사회도 등장하게 될 것이다. 제주도에서 가능했던 일이 전라도나 경상도라고 불가능하겠는가? 한국은 이미 중앙에서 통제하고 조정할 수 있는 규모를 넘어섰다. 팬데믹이 문득 어느 날, 중앙과 지역의 불균형을 우리에게 드러나 보이게 한 것이다.

그렇게 지역이 자신의 비전을 세우고 자신의 결정에 따라 자신의 예산으로 경제 운용을 하는 것을 '내생적 발전 모델'이라고 부를 수 있다. 지금까지 한국에서는 각 지역의 자체적 발전 모델이 존재하기 어려웠다. 중앙정부가 경제 기조를 결정하고 지침을 내리면, 지역에서는 그 기조에 맞춰 예산을 받기 쉬운 사업들을 했다. 예컨대 이명박이 4대강 사업을 추진하던 시절에는 지자체가 내키지 않더라도 그 기조에 맞춰야 다른 예산을 주니까 따를 수밖에 없었다. 박근혜의 창조경제 시절에도 어떻게든 거기에 맞춰서 지역에 센터도 만들고 본부도 만들면서 중앙에 생색을 냈다. 그게 필요한지 불필요한지 제대로 검토할 시간도 없이 사업 계획을 짜서 중앙으로 올려보냈다. 우리가 이렇게 살아왔다. 거기에 무슨 지역의 내생적 발전 같은 이야기들이 자리 잡을 공간이 있었겠는가?

팬데믹은 서울만이 아니라 각 지역에 경제적 충격을 준다. 별도의 제도적 전환이 없으면, 작게는 케이블카나 순환형 도로에서 크게는 공항 같은 수십조 원짜리 토건사업이 다시 전면에 나서는 시대로 가게 된다. 우리는 경제위기가 올 때마다 그렇게 대처했다. 오랫동안 지역에는 시민사회가 제대로 형성되어 있지 않고 토호들만 많다는 이야기를 현장에서 자주 들었다. 하지만 지역에 책임과 권한이 생기면, 그걸 견제하는 시민사회도 같이 성숙해지면서 다음 단계로 넘어가게 마련이다. 그런 분산형 선순환을 이루어낸 나라들이 장기적 번영에 도달했다.

지금 한국은 질적으로 바뀌었다. 1인당 국민소득 3만 달러를 넘어선 한국, 팬데믹을 극복하면서 로컬의 중요성이 다시 부각되고 있다. 말로만 로컬을 부각시키는 게 아니라 경제적으로도 부각시키는 변화가 필요하다. 그렇게 하지 못하면 부자 나라의 가난한 국민, 그리고 모두가 서울처럼 되고 싶은 지방, 이 기이한 현상이 앞으로도 팬데믹이 남길 흔적처럼 오래갈 것이다.

8. 재택근무,
새로운 제1계급

클린턴$^{Bill\ Clinton}$ 대통령 시절 노동부 장관을 지냈던 로버트 라이시 $^{Robert\ Reich}$가 〈가디언〉에 기고한 글은 새로운 계급에 대한 새로운 논의를 이끌었다. 라이시는 팬데믹으로 새로운 불평등이 생겨날 것이고, 이로 인해서 이전과는 다른 새로운 계급 구조가 생겨날 것이라고 말한다. 재밌는 분석이다. 라이시가 말한 네 개의 계급을 살펴보자.*

1계급: 재택근무자^{Remote}. 원격 근무가 가능한 전문직, 관리직 혹은 기술직이며 노동자의 35퍼센트 정도다. 팬데믹에도 불구

* "Covid-19 pandemic shines a light on a new kind of class divide and its inequalities", *The Guardian*, 26 Apr 2020.

하고 소득 감소가 별로 없는 사람들이 이 계급에 속한다.

2계급: 필수근무자Essential. 간호사, 어린이집 교사, 소방수 등 필수요원들. 고용은 안정적이지만, 바이러스의 영향을 많이 받게 된다. 노동자의 30퍼센트 정도다.

3계급: 미지급자Unpaid. 실업자와 휴직자 등 임금을 받을 수 없는 사람들.

4계급: 잊혀진 사람Forgotten. 요양병원, 교도소, 노숙자 쉼터 등 밀집된 환경 때문에 사회적 거리두기가 불가능한 사람들.

로버트 라이시는 팬데믹이 만들어낼 새로운 유형의 불평등을 지적하며, 리모트, 즉 재택근무자에 대해서 좀 다르게 생각해볼 수 있는 방향을 제시한다. 라이시에 따르면 "(재택근무자들 중) 많은 사람이 지루해하거나 불안해하지만, 다른 세 계급에 비하면 상황이 훨씬 낫다." 팬데믹 상황에서 다들 어려울 때 재택근무자들은 타격을 가장 덜 받는다는 의미다.

한때 블루칼라가 작업복을 입고 근무하는 육체노동자를, 화이트칼라가 사무직 노동자를 의미하던 시절이 있었다. 하지만 넥타이를 매지 않는 노타이, 자유복 등이 주로 혁신기업들을 중심으로 폭넓게 퍼지면서, 이제 화이트칼라는 국회의원이나 관료 등 공공기관과 공기업 혹은 매우 경직된 조직 문화를 가지고 있는 곳의 상징처럼 되었다. 올더스 헉슬리Aldous Huxley의《멋진 신세계Brave New World》에는 알파, 베타, 감마 등 철저하게 계급으로 나뉜 사회가 등장한다. 알파는 상류층, 베타는 행정업무 담당이다. 팬데믹 상황에서는 놀랍게도 재택근무를 할 수 있는 사람이 제1계급이 된다.

재택근무는 노동자 내에서도 다시 계급을 나누게 된다. 돌봄노동이나 소방관과 같이 재택근무가 어려운 직종과 재택근무가 가능한 직종이 분화된다. 그리고 재택근무 직종 중에서 IT 분야같이 팬데믹의 수혜를 입은 직종에서는 연봉이 대폭 상승하는 일이 벌어졌다. 이는 팬데믹이 만들어낸 특수한 상황을 잘 보여준다.

집에서 일하는 것, 재택근무는 팬데믹 이전에도 존재하던 트렌드이다. 팬데믹 이전 유럽이나 미국 등에서는 15퍼센트 정도의 노동이 재택근무로 이루어졌다.* 우리나라에서도 재택근무를 포함한 유연근무가 2020년 14.2퍼센트 정도로 계속 높아지는 상황이었는데,** 팬데믹 이후 사회적 거리두기에 의해서 재택근무는 막을 수 없는 흐름으로 우리에게 성큼 다가왔다.

팬데믹 기간에 우리나라의 재택근무는 직종도 직종이지만, 무

---

* 한국은행조사국, "코로나19 사태로 인한 재택근무 확산: 쟁점과 평가", 2020년 12월.
** 통계청 경제활동인구조사.

엇보다도 기업 규모의 영향을 많이 받았다. 2020년 9월까지 대기업의 재택근무 기간은 61일인 데 비해 중소기업은 48일이었다. 대기업의 경우 기업 내부 전산망 등 물리적 인프라가 잘 갖추어진 데다 일의 루틴과 업무가 명확하게 규정되는 등 여러 경영 요소가 결합해 그런 결과가 나온 것 같다.

고용노동부는 중소기업이 재택근무를 추진하는 경우 1인당 연간 최대 520만 원까지 사업주에게 지원한다. 유연근무를 높이기 위해서 팬데믹 이전부터 존재하던 제도이다. 또한 중소기업이 원격 근무를 위해서 회사 인프라를 구축하는 경우 사업주에게 최대 2,000만 원까지 지원한다. 팬데믹 이전에는 이런 지원을 신청하는 기업이 30여 곳 정도로 유명무실한 제도였으나, 사회적 거리두기 강화와 함께 수천 건으로 늘어났다.

팬데믹 이후 재택근무는 어떤 모습이 될 것인가? 재택근무를 시행하는 경우 사회적으로 유리한 측면이 많다. 출퇴근이 줄어들면 교통 혼잡이 완화되면서 온실가스가 감축되고 새로운 도로 건설을 줄일 수 있다는 장점이 있다. 반면에 사무실 한곳에서만 쓰던 냉난방을 개별 가정에서 쓰게 되기 때문에 에너지 수요가 늘어나기도 한다. 그러나 건물 분야의 냉난방 효율성은 계속 높아지고 있으므로, 장기적으로는 출퇴근을 분산시켜서 발생하는 긍정적인 효과가 더 커진다. 어차피 주4일 근무 등으로 노동시간이 계속해서 줄어들면서 노동 형태 또한 주5일, 하루 여덟 시간 근무와는 다른 형태로

표4-4 국내 기업 규모별 연간 재택근무 참가 경험(2020년 9월)

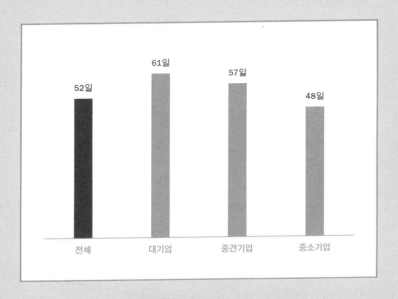

출처: 잡코리아

변화할 가능성이 크다. 재택근무의 증가는 '미리 본 미래'와 같은 것이다. 팬데믹은 그 구현을 좀 더 앞당겼을 뿐이다.

기능적 관리 분야와 달리 상시적인 기획 업무나 기업 내부 행정처럼 재택근무가 어려운 분야들이 있다. 매일 출근해야 하는 부서와 재택근무를 많이 하는 부서 사이에 승진 속도가 차이가 날 가능성이 높다. 회사 내부에서 수시로 더 많은 사안들을 결정하는 사람들에게 더 많은 권력이 갈 가능성이 높다. 그렇지만 이미 주요 대기업에서도 코딩이나 개발 업무 같은 분야에서는 정년까지 일하기 위해서 승진을 지연시키는 새로운 흐름이 등장했다. 20~30대 직장인 사이에서는 고강도의 노동을 감내하면서 더 많은 연봉이나 더 빠른 승진을 지향하기보다 일과 생활의 균형을 추구하는 '워라밸' 직장 문화가 빠른 속도로 퍼져가는 중이다. 빠른 승진을 원하는 사람들과 좀 더 인간다운 노동을 원하는 사람들이라는 조직 내 구성원 구조의 분화는 재택근무가 아니더라도 이미 등장한 새로운 직장 문화다. 이러한 분화도 더욱 가속화될 것이다.

재택근무에서 실제 근무시간 계측과 생산성 효과 등을 놓고 분란이 발생하기도 한다. 회사에서 보통 이메일로 업무 개시와 종료를 통보하는 정도는 인정된다. 전체적으로 근무시간이 약 48분 늘어난다는 하버드 경영대학원의 조사가 있고, 육아와 가사 부담이 증가해서 반드시 노동자의 삶의 질이 개선된다는 보장은 없다는 지적도 있다. 재택근무 시 출퇴근에 걸리는 시간이 한 시간 정도 줄어드는데, 그중 3분의 1 정도가 근무시간으로 사용되어, 시간 대비 전체 생산성은 줄어드는 것 같지만 실제 기여도는 늘어난다는 연구도 있다.*

재택근무로 인한 기계적인 생산성은 업종별로 혹은 기업별로 많은 차이가 있을 것이다. 문제는 재택근무 상황에서도 혁신을 만드는 창조적 능력을 키우기 위해 좀 더 세밀한 검토가 필요하다는 것이다. 온라인에서 어떻게 밀접한 대화의 기회를 마련할 것인가, 그리고 개인들에게 어떤 방식으로 주기적 교육훈련의 기회를 줄 것인가, 이런 형태의 고민이 필요하다.

사회적으로 재택근무의 확산은 지구온난화 대응, 노동시간 감축, 직장민주주의의 정착 등 긍정적 효과를 가질 수 있다. 반면에 얼굴 보고 일하기에 익숙한 기존의 노동 방식에서 벗어나 새로운 직장 문화에 익숙해져야 한다는 불편함이 생겨날 수 있다. '또 하나의 가족'이라는 회사 내의 가족주의가 해체되면서 회식 자체가 급속히 줄어들 때도 유사한 불편함을 호소했었다. 그러나 결국 직장은 서로가 가족이 아닌 동료인 상태에서 일하는 방식으로 가게 된다. 직장 내 권력관계도 재구성된다. 특히 위아래 소통을 담당해온 팀장 등 중간 관리자의 경우, 새로운 여건에 적용하기가 어려울 것이다.

---

*   Trade Union Congress–TUC, "한국은행: 코로나19 사태로 인한 재택근무 확산: 쟁점과 평가"(2019) 보고서에서 재인용.

그렇지만 장기적으로 본다면 정확하고 철저한 업무 관장과 함께 상대적으로 자율적인 근무는 외국의 일류 기업들이 이미 지향하는 방향이자, 한국 기업들이 가야 할 미래의 모습이다. 재택근무도 그런 변화의 연장선에서 이해할 수 있다.

근무지와 가정의 구분이 사라지는 것은 새로운 문화를 필요로 한다. 여기에 적응하기까지 많은 사람이 사무실과 주거공간 사이에서 혼동을 느낄 것이다. 상권에도 변화가 생겨날 것이다. 지금까지는 사무실 밀집지역이 주요 상권이었는데, 더 많은 비율의 노동자들이 각자의 주거지에 머무는 시간이 늘어나면서 흔히 말하는 '골목 상권' 대신에 '마을 상권'이 더 큰 의미를 갖게 될 것이다. 사무실이 밀집된 시내와 부도심 등 주요 상권 대신에 주거지가 있는 지역에서 소비가 늘어나는 효과가 생긴다. 무엇보다도 집에 머무는 시간이 늘어나면 자연스럽게 지역에 더 많은 관심을 가지게 되고, 잠만 자는 곳인 '베드 타운bed town'으로 전락해버린 많은 지자체에서 좀 더 생동감 있는 활동들이 이루어질 수 있다.

재택근무의 사회적 편익이 뚜렷할 때, 정부 특히 지방정부가 할 수 있는 지원은 간단한 사무를 볼 수 있는 지역근무센터 같은 인프라를 늘리는 일이다. 거리두기 등급이 높았을 때, 재택근무에 대한 준비가 되어 있지 않은 직장인들이 호텔 방을 빌려 일을 하기도 했다. 그야말로 임시방편이다. 지금도 적지 않은 직장인들이 카페에서 일하는데, 재택근무 시 로컬에서 공간을 지원하는 배려는 공익을 위해서 필요할 것이다. 그렇게 늘어난 공적인 투자는 결국 동네 상권과 지역경제 활성화로 돌아오게 된다.

리처드 플로리다Richard Florida가 《도시와 창조계급Cities and the Creative Class》 등 일련의 창조계급과 관련된 책들을 통해서 얘기하려고 한 것은 창조적인 일과 공간 사이에 연관이 있다는 것이다. 독특하고 때로는 까칠하기도 한 특이한 사람들이 일하기에 편한 도시에서 창조와 관련된 기업들이 더 많이 탄생하고, 그런 곳으로 창조기업들이 모이게 된다. 재택근무와 관련해서도 유사한 분석을 할수 있다. 캐나다 등 많은 곳에서 직장인들이 도심을 벗어난 근교로이사하는 현상은 시사점이 많다. 1960~1970년대 미국에서는 가족단위 노동자들을 중심으로 근교 주택이 유행했다. 반면 우리나라의경우는 신도시 공급을 통해서 어쩔 수 없이 대도시 외곽에 로컬들이 자리 잡게 되었다. 재택근무가 이러한 로컬에 자체적인 경제와문화를 형성할 수 있는 새로운 전환점이 될 수 있다.

사람과 사람이 만나서 생겨나는 우연한 상호작용은 인간의 본성이기도 하고, 우연적 발상을 만들어내는 또 다른 경제적 계기이기도 하다. 로컬에서 재택근무를 위한 인프라와 함께 재택근무자를위한 질 높은 교육훈련과 새로운 유형의 세미나 같은 것들을 기획할 수는 없을까? 일과 삶이 만나서 다음 단계로의 질적 전환을 이루는 일이 로컬에서도 발생할 수 있기를 희망한다.

맺는말:
다음번 팬데믹까지 모두 안녕!

2021년 봄 삼일절의 일이다. 국기를 누가 만들고, 어디서 팔고, 누가 사는지, 그런 것에 대해서 깊게 생각해본 적이 없었다. 언제부터인지 나도 국경일에 태극기를 달지 않게 되었다. 2020년 광복절의 태극기 집회 이후로 태극기가 기피 대상이 되어버렸다. 물론 그전에도 태극기 집회가 없었던 것은 아니지만, 많은 사람이 한국의 코로나 2차 대유행과 태극기 집회가 상관이 있다고 생각하는 것 같다. 그렇지만 태극기가 무슨 죄가 있겠나. 태극기 만들고 파는 사람들에게는 정말 억울한 일이다.

지난 1년 넘는 기간 동안 팬데믹으로 발생할 수많은 경제적 효과에 대해서 다양하게 생각해보려고 노력했다. 그렇지만 삼일절에 사람들이 태극기를 덜 달게 되고, 그로 인해 관련 업체들이 심각한 고통을 받게 될 것이라고는 생각하지 못했다. 2002년 월드컵 때는 한국 사람들이 태극기를 정말 많이 사랑했다. 얼굴에 붙이는 태극기 타투 스티커가 불티나게 팔려나가던 시절이었다. 태극기 판매 감소는 생각도 해보지 못한 팬데믹의 또 다른 경제적 효과다. 팬데믹으로 인해 국가가 점점 더 중요해지는 시기인데, 정작 우리나라를 상징하는 태극기는 기피 상징물이 되어버렸다.

한때 잘나가던 영국의 좌파 매체《뉴레프트 리뷰 *New Left Review*》편집국장이던 마이크 데이비스[Mike Davis]가《조류독감 *The Monster at Our Door: The Global Threat of Avian Flu*》에서 H51N이라는 바이러스를 다룬 것이 2005년의 일이다. 그가 인류가 넘어서기 어려운 과제로 빈곤, 기후변화와 함께 팬데믹을 거론했을 때 많은 사람이 좀 뜬금없다고 생각했다. 그렇지만 불과 4년 뒤 H51N의 변종인 H1N1이 신종플루를 일으켜 세계적으로 1만 4,000명이 사망에 이르렀다. 지금은 빈곤과 기후변화가 좀 더 장기 과제라면 팬데믹은 당장 처리해야 하는 긴박한 위험이 되었다. 그리고 다음 팬데믹이 기다리고 있다. 이번 팬데믹을 발생시킨 SARS-CoV-2와 같은 코로나 계열 바이러스만 팬데믹을 일으키는 것은 아니다. 다음 팬데믹이 반드시 호흡기 질환일 것이라는 보장도 없고, 사망률이 지금과 비슷할 것이라는 보장도 없다. 아니, 심지어 지금 진행 중인 코로나19 팬데믹의 종료 시점도 아무도 예측하지 못한다. 변이가 계속 등장하면서, 생각보다 훨씬 장기전이 될 가능성도 배제할 수는 없다.

시시각각 변하는 상황에서 새로운 정보를 처리하는 일은 언제나 어렵다. 많은 사람이 '코로나 이후'를 생각할 때, 나는 '지금 여기'의 문제에 대해서 좀 더 많이 생각하려고 했다. 피해를 줄이는 것, 그리고 다음번에 같은 일이 생길 때 좀 더 효율적으로 대응하기 위한 방식들을 생각하는 데 많은 시간을 보냈다. 분명히 팬데믹이라는 사건은 경제적으로 위기를 가져오긴 하는데, 뜻밖에 호황인 곳과 지독할 정도로 불황인 곳이 공존하는 기이한 양상이 되었다. 이런 식의 산업 양극화는 거의 겪어보지 않은 특이 상황이다. 편안해진 사람과 불편해진 사람 그리고 외로운 사람들이 어떻게 국가라는 좀 투박하고 별로 상냥하지 않은 공동체 속에서 같이 살아갈 것인가? 그것이 '국민경제'라는 이름 속에 던져진 또 다른 질문인지도 모른다.

인구 증가 문제를 처음으로 본격적으로 다루었던 경제학자 맬서스Thomas Malthus의 《인구론An Essay on the Principle of Population》에 대해 찰스 디킨스Charles Dickens가 답변으로 쓴 소설이 《크리스마스 캐럴A Christmas Carol》이다. 맬서스의 다큐를 디킨스가 예능으로 받았다고 할 수 있을까. 서로 사랑하면 생각보다 많은 문제를 해결할 수 있을지 모른다. 《인구론》 이후 200년이 지난 지금 다시 대한민국 상황을 돌아보니 디킨스가 옳았던 것 같다. 우리는 지금 맬서스가 염려한 인구 폭증이 문제가 아니라 인구 감소가 위협인 시대를 살게 되었다. '너희는 서로 사랑하라.' 팬데믹에 대해서도 우리가 움직이는 원칙은 사랑이어야 하지 않을까 하는 생각이 든다.

흔히 사회적 현상이나 경제적 현상을 다룰 때는 좌우를 나누는 정치 논리가 많이 개입된다. 이 책에서는 가능한 한 정치적 입장을 덜 개입시키고, 덜 부각시키려고 노력했다. 현실에서 정치가 중요하게 작동하지 않아서가 아니라, 팬데믹은 그런 전통적인 진영을 뛰어넘는 경향성을 갖기 때문이다. 일본이나 미국처럼 잘 대응하지 못한 보수도 있고, 독일처럼 나름대로 잘 대응한 보수도 있다. 지나보면 잘한 곳과 못한 곳이 있을 뿐이지, 진영 자체는 별로 상관이 없었다. 좌파/우파, 진보/보수보다는 좀 더 공격적인 방역을 해야 한다는 매파와 경제적 현실을 위해 방역 수준을 낮추어야 한다는 비둘기파 사이의 대립이 중요한 시기다. 좀 더 과학적인 데이터에 근거해서 합리적으로 판단하려고 노력하는 쪽이 어느 쪽인가, 그렇게 기존과는 다르게 논쟁의 양상이 변해간다.

백신을 통해서 집단면역을 형성하는 길고 지루한 기간 동안, 몇 번은 더 대규모 확진자가 발생하고, 방역 수준도 높아졌다 낮아졌다 할 것이다. 이때 백신 접종의 우선순위에서 두 가지 전략이 있을 수 있다. 활동성이 높은 사람들을 먼저 접종시킬 것인가, 혹은 피해가 심한 노년층을 먼저 접종시킬 것인가. 노년층을 먼저 접종시키면 사망률이라는 사회적으로 매우 민감한 변수를 낮출 수 있다. 활동성이 높은 젊은 사람들을 먼저 접종시키면 팬데믹 감염 자체를 우선 낮출 수 있다. 많은 선진국을 비롯해 우리나라도 노년층 우선 접종을 선택했다. 정치적이고 사회적인 선택이다. 드문 경우이기는 하지만, 인도네시아는 젊은 노동자 우선 접종을 선택했다. 경제를 우선한다는 의미도 있고, 활동성이 높은 대상의 면역성을 높여서 급격한 바이러스 전파를 조기에 제어한다는 장점도 있다. 이는 각 나라가 각자의 상황을 고려해서 판단할 문제다. 어쨌든 우리나라는 상당수의 젊은 층이 백신을 맞은 후에야 바이러스 감염이 급락하게 될 것이다. 대규모 감염은 후반부에나 줄어들더라도, 먼저 고위험 환자 발생을 줄이고 사망률도 낮추는 전략적 선택을 한 것이다.

2021년 겨울이 오기 전에 집단면역을 달성할 것인가, 아니면 마스크를 쓴 채로 세 번째 겨울을, 그리고 세 번째 봄을 지날 것인가? 주요 선진국들이 백신을 통해서 집단면역을 달성하는 동안, 한국에서 코로나 대유행이 다시 시작될 가능성은 높다. 그 기간에 팬데믹으로 인한 혼란은 사회적으로 극한에 달하게 될 것이다. 모두가 힘든 것은 참기 쉽지만, 우리만 힘든 것은 참기 어렵다. 선진국들의 '백신 쇼핑' 혹은 백신 자국 우선주의가 옳은 것은 아니지만, 그것도 엄연히 현실이다. 우리 정부가 자국 개발 백신 혹은 자국 생산 백신 같은 새로운 가능성에 지나치게 높은 정치적 기대를 걸었던 것은 유감이다. 국제적인 '상대적 박탈감'이 극한에 달할 것이다. 특히나 방역 국면에서의 선방으로 인한 기대감이 있어서 백신의 지연이 더욱더 크게 느껴질 것이다. 미국 정부가 바이러스 변이 등을 제

어하기 위해서 백신 2회 접종을 1회 더 늘리는 '부스터 샷booster shot'
을 결정할 경우, 한국이 받는 사회적 타격은 엄청날 것이다. 개도국
과 많은 저개발국가가 방역 국면에서 느꼈을 절망감을 우리도 느끼
게 된다. 이스라엘이나 중국 등 몇 개국의 주도로 백신을 맞았다는
증명인 이른바 '백신 여권'이 현실화되면 국제적으로 차별 정책이
현실화된다. 어쩔 수 없이 차별을 강화하는 죄수의 딜레마 안으로
들어가게 된다.

시간이 지나면 우리나라도 백신을 통한 집단면역에 도달하게
되겠지만, 세계적으로는 빨라야 2~3년 이상 소요될 것이다. 코로
나 바이러스가 종식되지 않고 고착되어 엔데믹 형태로 자리 잡게
되면 독감 백신처럼 매년 접종을 해야 하는 상황도 올 수 있다. 상당
히 긴 기간, 백신 확보가 국가의 최우선 정책이 될 가능성을 배제할
수 없다. 전 국민 백신 접종에 6개월 이상 소요되는 이 과정이 매년
반복된다면? 그리고 그사이에 기존의 백신으로는 제어할 수 없는
완전히 다른 종류의 새로운 바이러스가 등장한다면? 팬데믹은 일
시적 재난이 아니라, 산불처럼 언제든지 재발할 수 있는 주기형 재
난이 될 가능성도 크다.

언제 WHO는 코로나19 종식 선언을 하게 될까? 2~3년 후 그
어느 시점이라고 예상할 수 있다. 그때까지는 여행업과 항공업을
비롯해 많은 업종이 제한적으로만 운영된다. 팬데믹 종식 후 우리
가 만나게 될 세상은 이전과는 상당히 다를 것이다. 아마도 정권은

변했을 가능성이 높은데, 헌법은 변하지 않았을 것이다. 정권 변화와 헌법 유지, 그 사이에서 상상할 수 있는 많은 것이 현실이 될 것이다. 내가 모든 것을 다 예상하고 예측할 수는 없지만, 그 기간에 벌어지게 될 구조적 변화에 대해서 대략적인 형상이라도 독자 여러분이 그려볼 수 있도록 돕기 위해서 노력했다. 미래는 그렇게 같이 그려나가는 것이다.

　나는 이제 50대 중반이다. 수많은 실망스러운 사건이 있었음에도 나는 아직 세상이 좋아질 것이라는 아련한 믿음을 가지고 있다. 과연 한국이 '재난자본주의' 형태로 갈 것인지, 아니면 그보다는 좀 더 나은 세상으로 갈 것인지, 우리는 분기점 위에 서 있다. 세상이 좋아질 것이라는 나의 어렴풋한 꿈을 독자 여러분과 나누고 싶다.

　다음번 팬데믹까지, 모두 안녕!

팬데믹 제2국면

코로나 롱테일, 충격은 오래간다

제1판 1쇄 인쇄　2021년 5월 24일
제1판 1쇄 발행　2021년 5월 31일

지은이　　　　우석훈
펴낸곳　　　　(주)문예출판사
펴낸이　　　　전준배

기획·편집　　　고우리
편집　　　　　이효미 전민지
디자인　　　　김하얀
영업·마케팅　　김영수
경영관리　　　강단아 김영순

출판등록　　　2004.02.12. 제 2013-000360호 (1966.12.2. 제 1-134호)
주소　　　　　03992 서울시 마포구 월드컵북로 6길 30
전화　　　　　393-5681
팩스　　　　　393-5685
홈페이지　　　www.moonye.com
블로그　　　　blog.naver.com/imoonye
페이스북　　　www.facebook.com/moonyepublishing
이메일　　　　info@moonye.com

ISBN　　　　 978-89-310-2155-4 03320

잘못 만든 책은 구입하신 서점에서 바꿔드립니다.

문예출판사®　　상표등록 제 40-0833187호, 제 41-0200044호